Der G e s t a l t e r
Klaus W i n t e r h a g e r

Biografie in E i n z e l b i l d e r n

von Stefan K a p p n e r

biografika

biografika Verlag, Idstein
www.biografika.de
Buchsatz: biografika, unter Verwendung von LaTeX
Cover-Gestaltung: Charly Steiger, Frankfurt am Main,
in Anlehnung an die grafische Arbeit „8. Mai“ von Klaus Winterhager
Illustrationen: Klaus Winterhager
Druck und Vertrieb: tredition GmbH, Hamburg

ISBN 978-3-947694-00-6

Stefan Kappner:
Der Gestalter Klaus Winterhager

Inhalt

“

”

Vorwort

„Wenn ich einen Architekten damit beauftragte, mein Haus zu bauen“, sagte Klaus Winterhager, „würde ich ihm weder vorschreiben, wie es auszusehen hat, noch wie viele Zimmer es haben soll. Er bekäme den Auftrag doch nur, weil ich seinem Urteil vertraute. Oder anders gesagt: Weil er es besser plante, als ich es selbst könnte. Warum also sollte ich, der in diesem Metier weniger Versierte, dem Architekten hineinregieren?“ Klaus Winterhager saß neben mir, in einem Aufenthaltsraum des Justina-von-Cronstetten-Stifts im Frankfurter Westend. Das große, frisch renovierte Zimmer, durch dessen überbreite Tür sich sein Rollstuhl bequem schieben ließ, verfügte sowohl über eine Einbauküche als auch einen Lesesessel mit Stehlampe. Es schien seine Bestimmung noch nicht gefunden zu haben. Vor dem Fenster ein mehrstöckiges Gebäude im Rohbau. Auf diesem Baugelände, so erfuhr ich, habe vor wenigen Jahren noch das Bürohaus des Suhrkamp Verlags gestanden, nur einige Meter weiter unten auf der Lindenstraße.

Die Tochter, Friederike, hatte ihren Vater von Wuppertal hierher geholt, in dieses Altenpflegeheim, das sich tatsächlich so nennt (nicht „Seniorenresidenz“ oder gar „Seniorenpark“) und sich in Laufnähe ihrer Wohnung befindet. Sie war es auch, die mich gebeten hatte, die Erinnerungen ihres Vaters, des Gestalters und Professors für Grafik-Design an der Bergischen Universität Wuppertal aufzuschreiben. Ich führte Interviews und tippte die Aufnahmen ab. In der Regel überlasse ich das Abtippen einer schnelleren Schreibkraft. Dieses Mal war das nicht möglich, denn schon im Gespräch war der Erzähler schwer zu verstehen gewesen, die Konsonanten blieben häufig aus oder waren nur schwach artikuliert, ähnlich wie man es von Schlaganfallpatienten kennt. Ich musste mich einhören. An zwei Interview-Tagen saßen wir nicht im Aufenthaltsraum, sondern in Klaus Winterhagers Zimmer, das wegen eines riesigen Metall-Planschrankes enger war, als Altenheimzimmer es ohnehin meistens sind. Eine nach der anderen zogen wir die vielen Schubladen des Schranks heraus, die Zeichnungen und Plakaten Schutz boten – dass einige dennoch geknickt und beschädigt worden waren, lag am Transport von Wuppertal nach Frankfurt. Ich erlebte eine besondere Werkschau, denn nicht nur ich, der kaum vorgebildete Betrachter, war ahnungslos, auch der Künstler und seine Tochter wussten nicht, was in der jeweils nächsten Schublade lag. Für eine Inventarisierung war keine Zeit geblieben. Ein weiterer Planschrank, hieß es, befände sich in einem Lagercontainer in Wuppertal.

Nach fünf Besuchen, etwa neun Stunden Aufzeichnungen, von denen ich um die hundert Seiten transkribiert hatte, schrieb ich Entwürfe, Titelvorschläge und Probekapitel, die Klaus Winterhager nun partout nicht kommentieren mochte. Statt dessen erklärte er mir noch einmal das Berufsverständnis, dass er in seinen Jahren als freier Grafiker entwickelt hatte, und von dem er auch in schwierigen Situationen niemals abgerückt war. Ich verstand ihn gut, schon beim ersten Mal glaubte ich seine Arbeitsweise verstanden zu haben, und doch begriff ich erst jetzt den Ernst und die Konsequenz, mit der er sich diesem Prinzip verpflichtet wusste, dem Prinzip nämlich, dass die Qualität einer künstlerischen Arbeit – auch wenn es sich um sogenannte Gebrauchsgrafik handelt, die im Auftrag und wegen eines Zweckes entsteht – nur vom Künstler selbst beurteilt werden kann. Dass dieser kein Werkzeug in den Händen des Auftraggebers sein soll, sondern in der Ausführung frei bleiben muss: „Wenn ich einen Auftrag bekam“, erklärte er, „dann habe ich autonom gehandelt. Ich habe nicht mehrere Entwürfe angefertigt und gefragt, welcher zusage oder genehmigt werde. Was ich entwarf und für gut befand, setzte ich um. Äußerte ein Auftraggeber Zweifel, gefiel ihm irgendetwas nicht, spielte das keine Rolle. Das ist ja nicht für Sie, sondern für die Leute, die es sich ansehen sollen, sagte ich.“ Es kam darauf an, Auftraggeber zu finden, die dieses Prinzip akzeptierten. Wollte jemand auf das Wie seiner Arbeit Einfluss nehmen, bemühte sich Winterhager, das Vertragsverhältnis schnellstmöglich zu beenden. Obgleich sonst eher verhalten: Hier scheute er keinen Konflikt. Aus diesem Verständnis heraus also – nun von der Seite des Auftraggebers – weigerte sich Klaus Winterhager, auszusprechen, was er von meinen Entwürfen hielt. Nicht ihm müsse es gefallen, sondern dem Leser. Ich bemühte mich, zu erläutern, dass sich sein Prinzip der freien Ausführung nicht recht auf meine Arbeit als „biografischer Helfer“ übertragen ließe, schließlich verstünde ich mich als Mittler, sehe den Erzähler als eigentlichen Autor an. Darum solle er auch die Entscheidungsgewalt behalten über das, was zuletzt geschrieben stehe. Doch mein Einwand überzeugte ihn nicht. Klaus Winterhager verwies auf die schlichte Tatsache, dass ich es sei, der diese Kapitel zu Papier gebracht habe, nicht er, also sei ich der Autor. Selbst die Idee einer Ko-Autorschaft – er Erzähler, ich Formulierer – mochte er nicht akzeptieren. Deshalb solle ich in der dritten Person schreiben, selbstverständlich nicht in Ich-Form, es handle sich eben nicht um eine Auto-Biografie, sondern um eine Biografie auf der Basis von Interviews, Recherchen und wenigen sonstigen Zeugnissen, wie den Schnappschüssen seiner Kinderzeichnungen, während der Durchsicht schnell mit dem Smartphone geknipst. Was ich von ihm schreibe, solle ich so schreiben, wie ich es für richtig hielte. An korrekten Fakten sei er selbstverständlich interessiert, dafür sähe er den fertigen Text gerne durch.

Dass er mit dieser Weigerung, sich in Teilen auch als Autor zu verstehen, einem kompletten Genre und einer gängigen Praxis – unter Auftraggebern, Autoren und Verlegern – eine Absage erteilte, störte ihn nicht: In diesem Moment war er ganz Professor, ganz Autorität. Ich glaubte keinen Augenblick daran, ihn umstimmen zu können.

Im November 2015 hatte ich die erste Fassung fertig und schickte sie ihm. Er sah sie durch und schrieb Anmerkungen an den Rand, wie er es versprochen hatte, tatsachenbezogen und recht knapp. Die Aphorismen aus seiner Feder, die ich an den Anfang vieler Kapitel gestellt hatte, strich er heraus. Um die letzten offenen Fragen zu klären, vor allem den Titel und die Frage, in welchem Umfang Bilder mit aufgenommen werden sollten, vereinbarten wir einen Termin im Altenheim, leider erst für den 8. Januar, die Weihnachtszeit mit ihren vielfachen Verpflichtungen schob sich dazwischen. An Silvester wurde Klaus Winterhager ins Krankenhaus eingewiesen, von Tag zu Tag war er schwerer zu verstehen, am 7. Januar 2016 starb er. Winterhager wurde 86 Jahre alt. Alle Verben, die sich auf ihn bezogen, mussten jetzt ins Präteritum gesetzt werden.

Die Biografie, die vorliegt, verzichtet nun darauf, Klaus Winterhagers Erinnerungen zu einer fortlaufenden Erzählung zu verknüpfen und damit Lücken zu schließen, die er im Interview nicht ohne Grund offen ließ. Eine romanhafte Behandlung schien mir ohne Klaus Winterhagers Ko-Autorschaft unangemessen, dabei wären mir seine Erinnerungen zum Vehikel für eigene Deutungen geworden. Statt Deutungen vorzunehmen, sollen sie ermöglicht werden, indem wie in einer Ausstellung Momentaufnahmen, Episoden, Fakten und Querschnitte gereiht werden, ergänzt durch Querverweise und Ausblicke: eine Biografie „in Einzelbildern“, wie der Untertitel formuliert. Man könnte auch sagen: biografische Skizzen, die in lesbarer Form möglichst nah an dem bleiben, was tatsächlich zur Sprache kam. Ich ging vom Grundsatz aus, dass Winterhagers erzählende Auswahl auch in solchen Fällen sinnvoll war, in denen ich diesen Sinn nicht unmittelbar nachvollziehen konnte. Warum antwortete er mir, gefragt nach seiner politischen Einstellung, mit Geschichten von scheinbar zufälligen persönlichen Begegnungen? In Kapitel 27 erzähle ich drei von ihnen nach, auch wenn ich keine bündige Antwort geben kann.

Wie dankt man einem Verstorbenen? Indem man die Erinnerung an ihn wachhält. Ich hoffe, dieses Buch trägt dazu bei. Klaus Winterhagers Tochter Friederike danke ich für ihr Vertrauen, ihre Mithilfe am Text und für den überraschenden und bereichernden Einblick in die alltagsnahe und geschichtshaltige Kunstgattung Grafikdesign, der mir durch ihre Vermittlung gewährt wurde. Dem Leser möchte ich zuletzt versichern, dass der Autor der folgenden Seiten Stefan Kappner heißt: Ihm allein sind ihre Schwächen anzulasten.

Idstein im Mai 2018,
Stefan Kappner

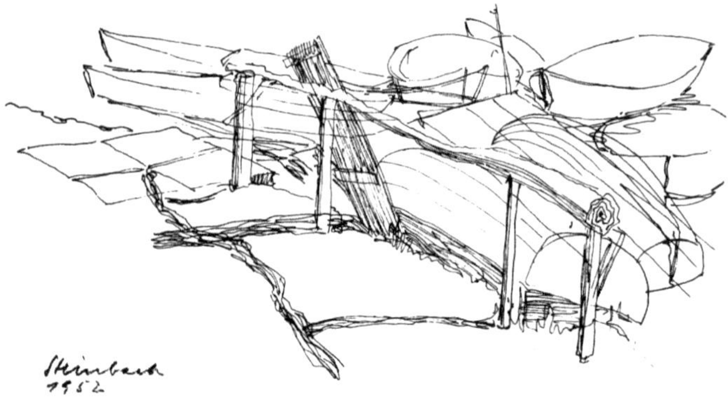
Steinbach
1952

Hitler in Dessau 1

Der schwarze Mercedes-Benz rollt gemächlich über Straßen, die von Tausenden jubelnder Menschen gesäumt werden. Die Fenster der Häuser geöffnet, Schaulustige beugen sich heraus. Ordner verteilen Hakenkreuzfähnchen aus Papier. In der Menge steht ein kleiner Junge, ein Volksschuljunge, der erst lernen möchte, was es in der Welt gibt, der eines aber schon weiß: Ein Oben gibt es, und ein Unten. Dort, wenige Schritte vor ihm: Hitler, der Führer, der alles bestimmende Mann, der ganz oben steht. Von dieser Szene berichtete mir Klaus Winterhager zuallererst, noch bevor sein gestalterisches Talent zur Sprache kam. Sie spielt in Dessau, Gauhauptstadt des Gaus Anhalt-Magdeburg, dessen monumentales Theater im Nazistil am 29. Mai 1938 eröffnet wurde. Der „Reichsminister für Volksaufklärung und Propaganda" Joseph Goebbels hielt die Rede. Hitler, Himmler und Göring saßen im oberen Rang. Zur propagandistischen Inszenierung des Eröffnungstags gehörten militärische Aufmärsche in der geschmückten Stadt und eine Ehrentribüne, an der Hitlers Mercedes-Limousine vorbeifuhr. Höchstwahrscheinlich war es diese Parade, an die sich Klaus Winterhager erinnerte. Dann wäre er neun Jahre alt gewesen. Einige Monate später würde die Familie Dessau wieder verlassen. Wie wirkte der Diktator auf den Jungen, der beobachtete, statt zu jubeln? „Enttäuschend." Bis auf den rechten Arm, den er in regelmäßigen Abständen zum „deutschen Gruß" erhob, die Ovationen des Volkes entgegen nehmend, blieb Hitler unbeweglich, seine Mine von einer Starrheit, die Männlichkeit und Stärke karikierte. Die Figur im Paradewagen „hätte auch aus Wachs sein können. Ein Mensch ohne Eigenschaften". Im Kontrast dazu: Die Begeisterung der Masse – echt oder opportunistisch vorgetäuscht –, die nicht zu sehen schien, was der Junge sah. Die einer Wachsfigur huldigte.

Kinderzeichnungen 2

Aus einer der Schubladen des Planschranks in Klaus Winterhagers Altenheimzimmer zog seine Tochter eine dunkelblaue Mappe hervor. Altes Papier, Federzeichnungen, Bleistiftskizzen. Die Reihenfolge der datierten Blätter führte uns wie zufällig rückwärts in der Zeit. September 1952: Ein Landschaftsbild aus den Dolomiten – „das war in meinem ersten Semester, als ich eine Bergtour unternahm, mit meinem Schulfreund Jürgen Ringel“ –, dann eine Federzeichnung wie ein Titelblatt, beschriftet: „Bannausbildungslager Burg/Wupper. 29.10. bis 13.11.1944.“ Es folgten Zeichnungen des damals Fünfzehnjährigen. Sie fangen die Atmosphäre des Lagers ebenso gut ein, wie Fotografien es könnten. Und zugleich verraten sie das Unbehagen des Zeichners. Auf einem Bild steht ein Uniformierter mit dem Rücken zum Betrachter auf einer Art Kasernenhof. Die Hände in die Seiten gestützt. Vier Striche, die vom Mund ausgehen, deuten wie im Comic das Befehlsgebrüll an, das sechs Figuren im rückwärtigen Teil des Hofes antreibt. Zwei klettern über eine Brüstung, so lautete womöglich der Befehl.

Ohne Vorbereitung oder Entwurf – für die im Lager die Zeit gefehlt hätte – hatte der junge Klaus Winterhager die Federstriche gesetzt. Er konnte die Linien sparsam, aber effektiv setzen, dass sie Blicke lenkten, Licht und Schatten verteilen, den einzelnen Kindersoldaten sichtbar machen oder in der uniformierten Menge verschwinden lassen. Kinderzeichnungen bilden die ältesten Zeugnisse dieser Begabung. Ein aus einem Heft ausgerissenes Blatt, auf dem in wenigen Bleistiftstrichen ein Haus gezeichnet wurde. Die Proportionen vermitteln einen seltsam wirklichkeitsnahen Eindruck, obwohl das Haus mit den durch schwarze Krickelflecken angedeuteten Fenstern flächig bleibt. Dieses Kind schien sich nicht an Stereotypen zu orientieren, am „Haus mit Sonne und Baum“ aus dem Bilderbuch, sondern tatsächlich an dem, was es sah. Das ist seiner Umgebung sicher aufgefallen, sonst wären die Bilder wohl nicht erhalten geblieben. Eine zweite Zeichnung zeigt ein Automobil im Profil, mit elegant gebogenen Kotflügeln, auch Speichen fehlen nicht. Darüber steht in großer Sütterlin-Schrift: „4 Jahre!“, unterstrichen und mit Ausrufungszeichen.

Die Jugend des späteren Grafikers und Hochschullehrers Klaus Winterhager wurde geprägt durch diese beiden Elemente: durch die Zeitumstände in Nazideutschland und im Zweiten Weltkrieg, auch in der frühen Bundesrepublik, und durch sein Talent zur zeichnerischen Darstellung des Beobachteten, das ihn früh aus- und kennzeichnete. Das Gestaltungstalent wurde ihm zur Aufgabe. Dafür musste, den Umständen entsprechend, ein guter Ort gefunden werden.

Lennep – Dessau – R e m s c h e i d 3

Im Elternhaus gab es kein klares politisches Bekenntnis. Die Mutter war eher unpolitisch, zumindest äußerte sie sich dazu nicht, ihre Interessen gingen aufs Musische. Sie spielte hervorragend Klavier und hatte sich nach ihrer Kochlehre in einem Hotel in Bad Ems am Remscheider Konservatorium ausbilden lassen. Sie träumte von einer Karriere als Pianistin. Die Umstände waren dagegen. Mit 23 Jahren heiratete sie. Der Vater war zwar informiert, ein Zeitungsleser, aber kein Parteigänger. Er hielt sich zurück, aus Neigung und Vorsicht. Beide Eltern befremdete die antisemitische Hetze. Man wünschte niemandem etwas Böses. Und stärker noch als die Liebe zum „großen“ Vaterland war wohl die zum Bergischen Land. Vater Hans Karl Wilhelm Winterhager war in Remscheid geboren worden, die Mutter im nahen Burg an der Wupper. Die ersten Ehejahre hatte man in Lennep verbracht, das der Stadt Remscheid eingemeindet worden war. Dort war Klaus zehn Monate nach der Hochzeit seiner Eltern zur Welt gekommen, am 19. März 1929 – der erste Sohn sollte das einzige Kind bleiben. Nach Dessau waren sie gekommen, weil Hans bei der Junkers Flugzeug- und Motorenwerke AG eine Anstellung als leitender Ingenieur erhalten hatte. Ein interessanter Arbeitsplatz. Die Flugzeuge, die unter seiner Mitwirkung in Dessau gebaut wurden, waren – zumindest dem Namen nach – jedem deutschen Jungen bekannt: vor allem die „JU 52“ und das Sturzkampfflugzeug („Stuka“) „JU 87“. Als sich 1938 jedoch die Firma Ortlinghaus aus Remscheid bei Klaus' Vater meldete, horchte Erna Winterhager auf. Ortlinghaus stellte – wie noch heute – Getriebe und Kupplungen her und wollte ihn als Chefkonstrukteur gewinnen. „Nimm an“, sagte seine Frau, „dann sind wir wieder zu Hause.“ In Dessau war Erna nicht heimisch geworden, sie vermisste die Landschaft, Familie und Freunde in der vertrauten Umgebung. Hans folgte ihr. Nach zwei Jahren endete das mitteldeutsche Intermezzo der Familie. Später, nach dem Krieg, würde es Hans Winterhager bedauern, das Flugzeugwerk für einen bloßen Zulieferbetrieb verlassen zu haben. Bei Ortlinghaus boten sich ihm deutlich weniger Möglichkeiten zur beruflichen Profilierung. War ihm die Geschichte der Junkers-Werke im Zweiten Weltkrieg geläufig? Unterirdische Produktionsanlagen, Zwangsarbeit? Viele Flugzeug-Ingenieure der Nazizeit machten in der Bundesrepublik Karriere. Der letzte Junkers-Generaldirektor, Leo S. Rothe, wurde 1955 zum ersten Präsidenten des Bundesverbands der Deutschen Luftfahrtindustrie gewählt. Umgekehrt hätte für Hans Winterhager das Risiko bestanden, als menschliche Reparationsleistung nach Sibirien verschleppt zu werden. Anders als seine Mutter hatte sich der Volksschüler Klaus Winterhager in Dessau wohlgefühlt. Das Residenzschloss in der Altstadt gefiel ihm, die Umgebung mit den Flüssen Mulde und Elbe, dem Wörlitzer Park, und ebenso die Menschen, deren Mentalität und Betragen er aber wohl erst im Nachhinein von denen der Remscheider unterschied. Seinen Koffer wird er mit wenig Begeisterung gepackt haben. Gab es Tränen? Die kleine Familie fuhr mit dem Zug in die neue alte Heimat, wo der Vater eine Wohnung in einem Dreifamilienhaus in der Burger Straße gemietet hatte. Zu dieser Zeit, nach mehreren Eingemeindungen (auch von Lennep), zählte Remscheid etwa einhunderttausend Einwohner, kaum weniger als heute.

Zerstörung 4

Die anhaltinische Gemäldegalerie in Dessau zeigte vom 19. September bis zum 3. Oktober 1937 eine Ausstellung „Entartete Kunst“.[1] Zwei Monate zuvor hatte Minister Goebbels in München die gleichnamige Schau von Kunstwerken der Moderne eröffnet – expressionistische und kubistische Malerei, Gemälde und Skulpturen, die der Neuen Sachlichkeit und dem Dadaismus nahestanden, und als „entartet“ diffamiert wurden: aus der „deutschen Art“ geschlagen. Anschließend zog sie als Wanderausstellung durch viele Städte des Reiches. Die Dessauer Galerie hatte ihre Ausstellung unabhängig davon organisiert. Ihre Leitung wollte sich als besonders „deutsch“ profilieren und sortierte die Bestände neu. Hans Winterhager hatte seinen achtjährigen Sohn mitgenommen. Gemeinsam betrachteten sie, was keine Kunst sein sollte. Die großen hellen Säle waren voller Menschen. Nur wenige Tage waren für das Spektakel vorgesehen. Es herrschte Gedränge, Geschrei war nicht zu hören. Die Leute nahmen, was zu sehen war, sachlich und höflich zur Kenntnis. Nicht wenige werden die Qualität der Bilder und Figuren erstmals bemerkt haben, bevor sie verkauft oder vernichtet wurden. Der Vater war ebenfalls interessiert und äußerte kein böses Wort. Auf Plakaten wurde Propaganda verbreitet. Doch die Werke sprachen für sich. Trotz seiner Leidenschaft für das Zeichnen und Malen hätte der Junge zwischen den vielen großen Leuten beinahe gegähnt. Da entdeckte er ein großes Ölbild, das erstaunlich pastös gemalt worden war: eine Wasserfläche mit Schaumkronen, die als dicke Klumpen aus der Fläche der Leinwand ragten und seine Aufmerksamkeit auf sich zogen. Er ging ganz nahe heran. Keiner beachtete ihn. Er streckte die Hand aus, um die Farbe zu betasten. Da brach ein Brocken ab und fiel herunter. Klack! Erschrocken sah sich der Junge um. Die Schaumkrone lag auf dem Boden. Doch niemand schien das Malheur bemerkt zu haben. Er gab dem Stück weißer Farbe vorsichtig einen Tritt, so dass es an die Fußleiste kullerte. Später fand er es schade. Hätte er den Brocken doch eingesteckt – die Ölfarbe der „entarteten Kunst“! Nach dem Ende der Ausstellung wurde das Wasserbild vermutlich ins Feuer geworfen. Die Schaumkrone wäre das Einzige gewesen, das von ihm erhalten geblieben wäre.

An der Straßenbahn 5

Ende der Dreißigerjahre fuhren noch kaum Autos durch die Straßen, höchstens Ärzte besaßen welche, mit denen sie für Hausbesuche und Notfälle unterwegs waren. Selbst für verantwortliche Ingenieure war ein Wanderer oder gar Mercedes-Benz unerschwinglich. Jedermann war zu Fuß unterwegs. Zum Glück lag die Haltestelle „Burger Straße" der Remscheider Straßenbahn direkt vorm Haus. Mit der Linie 3 fuhr man zur Arbeit und in die Einkaufsstraßen der Stadt. Nachdem der Sohn der Winterhagers von der Volksschule in die Ernst-Moritz-Arndt-Schule gewechselt war, fuhr auch er jeden Tag mit der Straßenbahn und beobachtete, wie die Nachbarn – Kinder wie Erwachsene – ein- und ausstiegen. Auf diese Weise lernte er die gesamte Nachbarschaft kennen, und wusste bald genau, wer in welcher Straße wohnte. Von Schwierigkeiten, sich nach den zwei anhaltinischen Jahren im Bergischen einzuleben, wusste Klaus Winterhager nichts zu berichten. Er sei zwar zurückhaltend gewesen, ruhig im Gegensatz zu vielen doch eher lauten und ungeschlachten Remscheidern – an Freunden habe es ihm dennoch nie gemangelt. Es war eine verbindliche Zeit, stelle ich mir vor. In der Nachbarschaft, der Verwandtschaft, in der Schule, im Jungvolk: Der Sohn der Winterhagers wusste, wohin er gehörte. Er grüßte höflich, auch morgens in der Straßenbahn, und wurde gegrüßt.

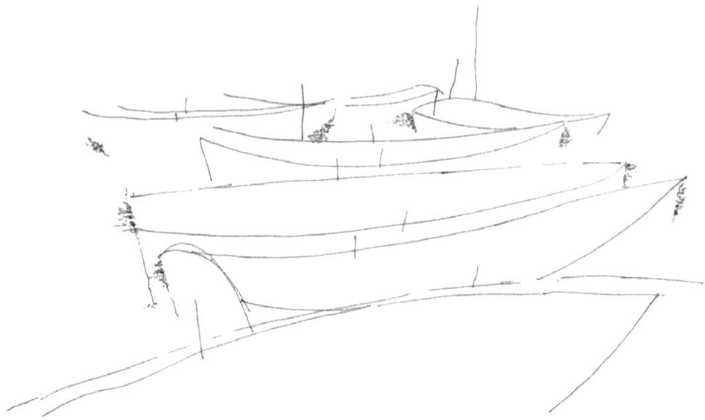

Zeichnung vom 17.April 1985

Familienbild 6

Die Familie besaß Begabungen und Beziehungen.[2] Ernst Winterhager, der Großvater, war gleichzeitig Inhaber eines Maler- und Anstreichergeschäftes und erster Geiger des städtischen Orchesters Remscheid gewesen. Spielen hörte ihn sein Enkel nicht, denn er starb bereits kurz nach dessen Geburt. Er wurde ihm nicht zum „Opa“. Ob die musische Begabung des Großvaters sich auch während der Geschäftszeiten zeigte, in Werken, die er im Kundenauftrag malte, ist vergessen. Der Vater sprach sehr wenig von ihm und dem Verhältnis zu seinen Eltern. „Kein Wort“, betonte Klaus Winterhager. „Als ob es das nie gegeben hätte.“ Aus Erzählungen bei Familientreffen oder in der Nachbarschaft erfuhr der Enkel allerdings, dass Ernst Winterhager noch vor dem Ersten Weltkrieg ein Auto besessen habe, einen Ford: eines der beiden ersten Autos in Remscheid! Das andere gehörte einem Freund. Man könnte sagen, die beiden waren Vorreiter – mit mehr als nur einem PS. Das Gründungsdatum der Ford Motor Company lag noch nicht lange zurück, 1903, und das Modell T, um das es sich vermutlich handelte, wurde erst während der Weimarer Republik auch in Deutschland montiert. Praktisch war so ein Automobil noch nicht: Das Benzin für ihre Ausfahrten mussten Ernst und sein Freund in der Apotheke kaufen, Tankstellen kamen erst später.

Auch die Mutter des Vaters, Mathilde Winterhager, geborene Wellershaus, brachte es nicht zur „Oma“. Zwar hatte sie einige wenige Jahre länger zu leben, doch begegnete sie dem Enkel mit einer Strenge, die ihn befremdete und auf Distanz hielt. Einmal saß sie ihm am Küchentisch gegenüber, darauf ein Teller mit Suppe, die er nicht mochte. Er schob den Teller von sich. Die Fenster in der kleinen Küche besaßen Oberlichter, so dass es hell war und man in den Himmel sehen konnte. Die Großmutter schimpfte: „Der liebe Gott sieht alles!“ Es ist das einzige Wort der Großmutter, das sich dem Drei- oder Vierjährigen einprägte. Es hatte sich angehört, als würde ihn das himmlische Strafgericht auf der Stelle verurteilen, von dort hinter dem Oberlicht. An seine Großmutter erinnerte sich Klaus Winterhager auch im Zusammenhang mit der Feilenfabrik Wellershaus, der heutigen Wellershaus Maschinenmesser GmbH, die von ihrem Vater gegründet worden war. Deren späterer Inhaber, Karl Wellershaus war ein Vetter seines Vaters, ein origineller Kopf, mit dem die Familie häufig zusammenkam. Dem Grafikstudenten erteilte er Aufträge für Anzeigen und Prospekte, mit denen für die Erzeugnisse der Feilenfirma geworben wurde. Einmal – das Geld im Studium war knapp – schickte Klaus Winterhager ihm eine Mahnung für geleistete Dienste. Um die Dringlichkeit der Zahlung zu verdeutlichen, hatte er das Schreiben mit einem Selbstporträt verziert, auf dem sich der Künstler in höchster Not eine Pistole an den Kopf hielt. Umgehend rief der Vetter in Remscheid an, wo Winterhager noch wohnte: „Kumm es raff“ – das hieß im Remscheider Platt: „Komm mal runter“, denn die Fabrik lag im Tal. Der junge Student fuhr also los mit seinem grauen VW-Käfer, die lange Straße hinunter zum offenen Fabriktor hinein und auf den menschenleeren Innenhof. In dessen Mitte stand Karl Wellershaus mit Frackschoß und Melone – für ihn kein ungewöhnlicher Habit – und zog etwas Silberfarbenes aus seiner Tasche, das er mit grimmigem Gesichtsausdruck in hohem Bogen Richtung Käfer schleuderte: ein Revolver! (Nun ja, ein Kinderspielzeug.) Nach dem effektvollen Auftritt, mitverfolgt von einigen kopfschüttelnden Arbeitern, führte er den Neffen wortlos ins Büro, wo der Scheck bereits auf ihn wartete. Wellershaus mochte solche Clownerien, und Klaus Winterhager genoss diesen Humor.

Die Herzlichkeit und Wärme in der Familie lag jedoch eher auf der mütterlichen Seite. Hier gab es einen Opa, Arthur Schumacher, der seinen Enkel auf dem Schoß sitzen ließ. Im Gesicht trug er einen Schnurrbart wie Kaiser Wilhelm: Das Mittel, mit dem er ihn zwirbelte, roch angenehm würzig. Das war ein Opa-Geruch. Und auch die Oma, Aline Schumacher geborene Langenohl, besaß eine freundliche und milde Aura. Arthur Schumacher war als Prokurist bei der alteingesessenen Handelsfirma Hasenclever in Ehringhausen angestellt. Jeden Tag lief er eine Stunde zu Fuß zu seinem Arbeitsplatz. Von seinen drei Töchtern war Klaus Winterhagers Mutter Erna die mittlere. Tante Hedwig, die Älteste, schlug etwas aus der Art, sie kam dem Neffen spießig vor, ebenso wie ihr Mann Erich Groote, der wohl nicht ganz zufällig den gleichen Beruf wie sein Schwiegervater ausübte, und zwar ebenfalls in der Firma Hasenclever, die sich auf den Export der in Remscheid und Solingen hergestellten Werkzeuge spezialisiert hatte. Dann kam also Erna, die so gut Klavier spielen gelernt hatte, und zuletzt die jüngste Tochter, Luise, die hübscheste und charmanteste der Drei, lebensfroh und lustig, wie ihr Mann, Onkel Heinz Ant. Luise war Klaus Winterhagers Patentante und brachte drei Söhne zur Welt, die nicht viel jünger waren als er: Manfred, Gernot und Gerd. Die beiden Familien verbrachten viel Zeit miteinander, ein starkes Familienband – haltbar, auch als die Großeltern bereits Mitte der Dreißigerjahre innerhalb weniger Monate starben. (Auch der Tod der anderen Großmutter, Mathilde Winterhager, fiel in diesen Zeitraum.)

Heinz Ant diente als Offizier im Reichsarbeitsdienst, der 1935 gegründet worden war und anfangs zur Organisation ziviler Pflichtarbeitsdienste vor allem in der Landwirtschaft herangezogen wurde. Später im Krieg – als Onkel Heinz bereits zur Wehrmacht gewechselt war – erledigte der Reichsarbeitsdienst militärischen Bauaufgaben, für die keine Soldaten entbehrlich waren, am Westwall etwa, von dem noch die Rede sein wird. Familie Ant wohnte in der Eifel, wo sie Neffe Klaus mehrmals für längere Zeit besuchte. Als Heinz zur Wehrmacht eingezogen worden war, wohnte Tante Luise mit ihren Söhnen in der Remscheider Wohnung. Da musste man zusammenrücken, was den Jungs wohl leichter fiel als ihren Eltern. Nach 1945 zogen Heinz und Luise Ant mit ihren Söhnen nach Prüm in der Eifel, später nach Andernach, wo Onkel Heinz als Lehrer arbeitete. Manfred, ihr Ältester, wurde Steiger im Bergbau, Gernot ging zu Daimler Benz, stieg die Karriereleiter bis zu einem Direktorenposten empor und war schließlich für das Italiengeschäft des Konzerns zuständig, Gerd wurde Lehrer in London, wo er noch heute lebt.

Einen weiteren Unternehmer gab es in der Familie: Louis Benscheid, Inhaber einer Remscheider Drogerie mit Kafferösterei, war ein Schwager von Großvater Ernst. Sein Sohn Rudi Benscheid, der das Geschäft mit seiner Frau Herta weiterführte, war seinem Neffen Klaus als „Onkel Rudi" zugetan. Rudi und Herta galten als Schöngeister, Rudi spielte wie sein Schwager hervorragend Geige und verfügte über eine ordentliche Bibliothek, die beide Eheleute reichlich nutzten. Ich stelle mir Klaus Winterhager zu Besuch bei Onkel Rudi und Tante Herta vor, die er, um sie zu necken, „Herta Benn-S-C" nannte. („Hertha BSC" – die Namen der Fußballvereine scheinen eine der wenigen Konstanten im 20. Jahrhundert zu bilden.) Klaus begrüßte die Verwandten, und während seine Eltern sich mit ihnen über die neuesten Remscheider Nachrichten unterhielten, zog er einen der vielen Bände aus dem Regal, um sich Bilder anzusehen.

Ausflüge 7

An Wochenenden fuhren Klaus Winterhagers Eltern gerne zum Wandern mit der Bahn ins Bergische Land. In der Nähe von Wiehl im Oberbergischen gibt es eine Tropfsteinhöhle, die mehrmals als Ausflugsziel diente. Daneben ein Lokal mit bergischen Waffeln. Noch bevor Klaus Winterhager in die Schule kam, unternahm die junge Familie eine „Wasserwanderung“ per Faltboot – die aus einem bespannten Holzgerüst bestehenden Freizeitboote waren in den Dreißigerjahren recht beliebt. Zusammengefaltet ließen sich die meist kajakgroßen Boote auch ohne Auto transportieren. Einige Tage lang ging es mit einem solchen Gefährt über die Weser durch Niedersachsen bis nach Schleswig-Holstein. Der Junge saß in der Spitze und hatte den Paradeblick – nur wenn einer der Weserdampfer ihnen zu nahe kam und mit seinen Schaufelrädern hohe Wellen schlug, bekam er es mit der Angst zu tun – so sehr schaukelte das kleine und leichte Boot. Übernachtet wurde in preisgünstigen Pensionen auf dem Weg, bis man in Minden die Reise für einige Tage unterbrach, um im nahe gelegenen Bielefeld einen noch unerwähnten Teil der Familie zu besuchen: Eine Tante des Vaters, Helene Leich, die Klaus Winterhager sympathischer war als ihre Schwester Mathilde, seine strenge Großmutter, lebte dort mit ihrem Mann, einem Pfarrer. In Bielefeld steht die Sparrenburg und in deren Nähe gab es einen Spielplatz zwischen Bäumen, den der Junge unlöschbar in sein Gedächtnis aufnahm: Hier rutschte er zum ersten Mal auf einer Rutschbahn, sie war aus Holz und kam ihm „gigantisch hoch“ vor. Nach ein paar Tagen fuhr man weiter.

Heinrich Leich, ein Sohn Helenes und ebenfalls Pastor, sollte mit seiner Familie später nach Dessau ziehen, wo sie genau gegenüber des von Walter Gropius entworfenen Bauhausgebäudes wohnten. Vielleicht wurde der Vater auf diese Weise auf die Junkerswerke aufmerksam? In jedem Fall hatte man auch in Mitteldeutschland nicht ohne Familienanschluss auskommen müssen.

Nach der Dessauer Zeit führte eine größere Urlaubsreise in die Rhön, auf einen Bauernhof in der Nähe der Wasserkuppe. Nun war Klaus etwa zwölf Jahre alt. Drei Wochen verbrachte man auf diesem Hof, die dem Jungen nicht langweilig wurden. Mit Milch und Butter war man gut versorgt und in der Bäckerei im Dorf konnte man am Sonntag Kuchen kaufen, den man unter Bäumen aß. Um zu den beiden Räumen zu gelangen, die Familie Winterhager angemietet hatte, mussten sie ein weiteres Zimmer durchqueren, worin ein Mann mit Uniform logierte. An den roten Streifen auf der Uniformhose erkannte man leicht den Rang des Miturlaubers: Es war ein Oberst aus dem Generalstab der Wehrmacht, der sich dort vom Krieg erholte.

Herr Schaub und Herr B o y s e n 8

Die zunehmende Judenverfolgung durch die Nationalsozialisten ließ Klaus Winterhagers Umfeld erstarren, freilich ohne dass Protest hörbar wurde. Nach der „Reichskristallnacht“, im November 1938, erzählte Onkel Rudi von einem Freund, dessen Sohn SA-Mitglied sei: „Gott sei Dank hatte der gerade Urlaub. Wenn er dabei gewesen wäre, hätte ich ihn nicht mehr ins Haus gelassen“, das habe der Freund gesagt. Der NS-Propaganda gelang es nicht, jedes natürliche Gefühl von Recht und Unrecht zu unterdrücken – einmal abgesehen davon, ob SA-Männer ihre Abwesenheit beim „völkischen Kampf“ tatsächlich mit einem Urlaubsschein begründen konnten. Viele erschraken über die Verrohung, hatten ihr jedoch scheinbar nichts entgegenzusetzen. Der Widerspruch zwischen öffentlicher Hetze, der brutalen Unterdrückung, die offenbar im Gange war, und der privaten Moralität führte aber nicht zum Protest, sondern zur stummen Verdrängung. Als ein Musiklehrer der Ernst-Moritz-Arndt-Schule, Studienrat Jens Boysen, von einem Tag auf den anderen verschwand, sprach niemand darüber. Im Nachbarhaus der Winterhagers wohnte Familie Schaub, deren Sohn Ernst in dieselbe Schulklasse ging wie Klaus. Sein Vater war ein resoluter, um nicht zu sagen: grobschlächtiger Mann, von Beruf Einkaufsleiter einer Stahlfirma. Als Klaus eines Tages bei den Schaubs klingeln wollte, sah ihn der Vater schon durch das geriffelte Glas der Haustür und trat heraus. „Guten Tag, Herr Schaub, ich wollte zu Ernst, ob wir zusammen spielen oder Hausaufgaben machen ...?“ Da baute sich der Nachbar vor dem Jungen auf, riss den Arm hoch und rief: „Heil Hitler!“ „Den Schrecken“, erzählte Klaus Winterhager, „den ich da bekam, habe ich heute noch. Ich erschrak vor der Unangemessenheit seines Verhaltens. Dieser Mann wollte erwachsen sein, und hatte doch jegliches Gefühl für menschliche Proportionen verloren. Widerlich!“ Dass die Lehrer den Hitlergruß vormachten, mit erhobenem Arm oder ohne, daran hatte sich der Junge gewöhnt. Von seinem privaten Umfeld erhoffte er noch ein Verhalten, an dem er sich orientieren konnte. Dass Herr Schaub dafür ohnehin ausfiel, jemand, der seinen eigenen Sohn mit der Hundepfeife zum Mittagessen heranpfiff, war kein Trost.

Frühreif 9

„Als Grafiker war ich frühreif", wiederholte Klaus Winterhager. Nachdem ich seine Kinderzeichnungen gesehen hatte, wusste ich, was er meinte – wenn mir vorerst auch der Doppelsinn entging. Spätestens in der Sexta, der ersten Gymnasialklasse, in der die Volksschullehrer durch qualifizierte Fachlehrer ersetzt wurden, fiel die Begabung des Sohnes auf, und wurde bei passender Gelegenheit auch dem Vater mitgeteilt. Denn Hans Wilhelm Winterhager hatte in der einst „Königliches Realgymnasium" benannten Schule die gleichen Bänke wie später sein Sohn gedrückt. Vor dem Ersten Weltkrieg war er von zum Teil recht jungen Lehrern unterrichtet worden, die noch immer im Dienst waren und gerne Vergleiche anstellten. Erreichte der junge Winterhager nicht die guten Zensuren seines Vaters, hieß es: „Bei euch ist der Apfel aber weit vom Stamm gefallen!" Doch gab es auch Lob. Einmal, als der Vater von der Arbeit bei Ortlinghaus nach Hause kam, rief er: „Ich habe Studienrat Weisemann getroffen, bei dem du Erdkunde hast. Der sagte mir, du wärst ein toller Zeichner." Schöne Karten habe er gezeichnet, und nicht nur bei den Skizzen habe er sich hervorgetan, auch die gesamte Heftführung sei vorbildlich. Hans Winterhager konnte selbst gut zeichnen, es existieren Skizzenbücher mit Aquarellen, doch hatte er beruflich eine andere Spur verfolgt und wohl nicht den Drang verspürt, die Begabung zu kultivieren. Seine Fotoalben versah er mit kalligraphischen Unterschriften, die mehr den Ingenieur verraten als den Künstler – den späteren Typographen Winterhager mögen sie dennoch beeindruckt haben.

Das Talent des Sohnes fiel im Kunstunterricht auf. Studienrat Heinz Nickol zeigte sofort Interesse, doch im September 1939, als die Wehmacht in Polen einmarschierte, zog man ihn ein. Fortan war es nicht mehr weit her mit dem Kunstunterricht im Arndt-Gymnasium. Auf weiten Strecken wurde er komplett gestrichen.

Seinen ersten Auftrag als Zeichner erhielt Klaus Winterhager vom Konditor Richter, der ein Geschäft mit Café im Nachbarhaus betrieb. Eines der führenden Cafés in Remscheid. Als die Familie dort beim Kuchenessen saß, bat er den Jungen darum, ihm eine ordentliche Preisliste zu schreiben. Als Entlohnung gab es Zucker und Gebäck. Da war schon Krieg. Später gestaltete er kleine Preisschilder und größere Ladenschilder für das Café, aber auch für einen Käsegroßhändler gegenüber, der bei Winterhagers geklingelt und nach dem Sohn gefragt hatte. In diesem Fall wurde mit Käse bezahlt. Die Fähigkeiten des jungen Zeichners sprachen sich herum – in Zeiten, in denen selbst die einfachsten Etikettiermaschinen unbekannt waren und „Schildermaler“ zu den ordentlichen Berufen zählte. Viele Nachbarn und Bekannte stellen ihm „eine kleine Aufgabe“. Auch das Remscheider Krankenhaus lag nicht weit entfernt an der Burger Straße, so dass viele Ärzte in der Nachbarschaft wohnten. Der Chefarzt der Gynäkologie hatte Kinder in Klaus' Alter, außerdem war er selbst ein ehemaliger Klassenkamerad des Vaters. So fragte er eines Tages den Fünfzehnjährigen – wir befinden uns also vermutlich im Jahr 1944 (in seiner letzten Durchsicht des Manuskripts schrieb Winterhager allerdings „1946“ an den Rand, demnach wäre er sechszehn oder siebzehn gewesen) – ob dieser ihm bei der Anfertigung von Schautafeln behilflich sein könne. Dabei handelte es sich um anatomische Darstellungen für Vorträge, die der Chefarzt regelmäßig für Frauen hielt. Er wird dem heranwachsenden Jungen Fachliteratur als Vorlage zur Verfügung gestellt haben. Mit den Ergebnissen war er sehr zufrieden. Die Vorträge wurden auch von vielen Frauen der Nachbarschaft besucht, die sich über spezifische Gesundheitsfragen informieren wollten. Wenn sich eine von ihnen erkundigte: „Herr Doktor, woher haben Sie die schönen großen Zeichnungen?“, antwortete er: „Die hat ein Fünfzehnjähriger gezeichnet, den kennen Sie vielleicht: Klaus Winterhager.“ Das brachte dem so genannten wohl zweideutige Komplimente ein. Als Zeichner war er frühreif.

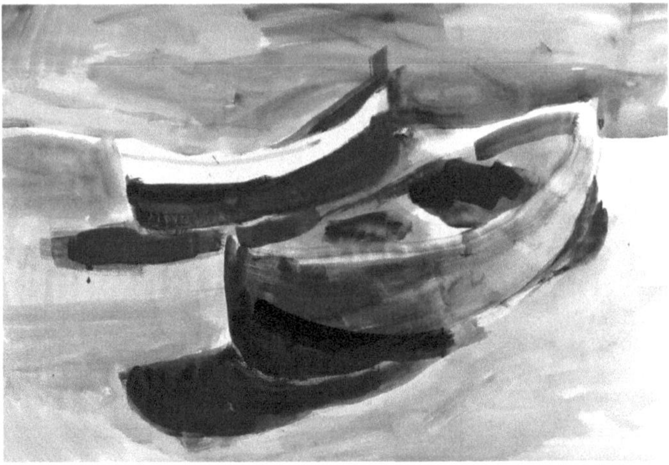

Aquarell, im Original farbig

Stadtrundfahrt 10

Am 1. September 1939 kam Erna Winterhager morgens zu ihrem Sohn ans Bett. Er war schon wach geworden. „Es ist Krieg!“, sagte sie. Was diese Ankündigung für Deutschland, für seine Umgebung und ihn selbst bedeuten würde, davon konnte der Zehnjährige noch keine Vorstellung entwickeln – in keinem Fall malte er sich die Katastrophe aus, die aus Hitlers Überfall auf Polen resultieren würde. Den einen oder anderen Versehrten aus dem letzten Krieg wird er wohl erlebt haben, doch in der Familie gab es sicherlich niemanden, der ihm offen erklärte, was es genau mit einem Krieg auf sich hat. Die meisten werden auf einen Sieg gehofft, ihn vielleicht für wahrscheinlich gehalten und ihre Ängste verschwiegen haben. Das Unbehagen kam erst später – erst als am 31. August 1943 bei einem Großangriff auf Remscheid mehr als tausend Menschen ums Leben kamen? Erst als durch den entstandenen Flächenbrand etwa 4000 Häuser zerstört oder beschädigt wurden – darunter das Arndt-Gymnasium, so dass der nun Vierzehnjährige wochen- und monatelang nicht zur Schule gehen konnte? Oder erst angesichts des militärischen Drills in den Lagern und Arbeitseinsätzen? Im Alter von zehn Jahren war Klaus Winterhagers Ansicht zum Militär noch durch einen Freund geprägt, den die Familie in ihrer ersten Lenneper Wohnung kennengelernt hatte: Josef Kesseler, ein Zivilingenieur,[3] hatte im Ersten Weltkrieg gedient und war Reserveoffizier der Wehrmacht. Er mochte den Jungen und schenkte ihm Bücher, wenn er die Familie besuchte. In seiner Person bestärkte er den Mythos vom guten deutschen Soldaten, der auch in der HJ hochgehalten wurde. Und als die deutsche Armee siegte, in Frankreich und zunächst auch im Osten, erhielt das Bild noch zusätzlichen Glanz. Auch Hans Winterhager, im Februar 1897 geboren, war bereits im Ersten Weltkrieg Soldat gewesen. Gleich zu Beginn der zweiten Katastrophe des Jahrhunderts erhielt er eine Einberufung auf einen Luftwaffenstützpunkt in der Nähe von Osnabrück. Doch seine Firma beantragte, dass er entlassen werde. Als Chefkonstrukteur sei er für ihre kriegswichtige Produktion unverzichtbar – die Firma stellte Kupplungen und Getriebe für U-Boote und Panzer her. Nach wenigen Monaten konnte er zurück nach Remscheid. Dadurch blieb der Alltag der Familie Winterhager in den ersten Kriegsjahren von den Auswirkungen der Kämpfe weitgehend verschont.

Noch als „Pimpf“ im Jungvolk ergriff Klaus Winterhager die Gelegenheit, sich als „Feldscher“ ausbilden zu lassen. Das Wort bezeichnet eigentlich einen behelfsmäßig ausgebildeten Militärarzt – keine ganz falsche Charakterisierung. Der junge Feldscher diente in einer HJ-Sondereinheit, wodurch er zu seiner Genugtuung früher in die HJ aufgenommen wurde, als es eigentlich vorgesehen war – erst mit 14 Jahren wechselte man regulär vom Jungvolk in die Hitlerjugend. Als Feldscher stand er bei allen Veranstaltungen mit Sanitätstasche bereit, „da war ich was Feines“, kommentierte Klaus Winterhager und erzählte weiter, wie ein Arzt seiner Feldscher-Gruppe die wichtigsten Handgriffe erklärte: Arme und Beine schienen, die richtigen Medikamente gegen Schmerzen und zur Bekämpfung von Entzündungen auswählen, und mit welchen Salben und Tinkturen Brandwunden zu versorgen seien. Denn „Brandwunden waren häufig, wegen der Bombenangriffe.“ Der Krieg rückte näher. Dann kam die Wende im blutigen Geschehen und zugleich in der Einstellung vieler Deutscher zum Krieg – im Allgemeinen wird sie mit dem Stichwort „Stalingrad“ auf einen Nenner gebracht und auf den Januar 1943 datiert. Nach der Besetzung der Beneluxstaaten und Frankreichs durch die Wehrmacht war das in den letzten Vorkriegsjahren errichtete, recht uneinheitliche Verteidigungsbauwerk zwischen Deutschland und seinen westlichen Nachbarn, der sogenannte „Westwall“, funktionslos geworden. Die Waffen benötigte man anderswo, die Bunker wurden teilweise als Lagerräume verwendet. Erst als die Alliierten in der Normandie landeten, nach dem 6. Juni 1944, sollte er reaktiviert werden. Zwangsarbeiter, der Reichsarbeitsdienst und was irgend an Arbeitskräften zur Verfügung stand, sollten die Verteidigungslinie wieder aufbauen. Panzersperren wurden errichtet, Gräben aushoben. Als Klaus Winterhager 15 Jahre alt war, im Herbst 1944, wurde er als Hitler-Junge zu einem solchen Arbeitseinsatz am Westwall einberufen. Zusammen mit Klassenkameraden brachte man ihn in der Gegend von Venlo unter, das gut einhundert Kilometer von Remscheid entfernt liegt. Ein Bauernhof diente als Quartier. Jeden Morgen hieß es im Innenhof antreten, dann ging es zu Fuß zur Baustelle, wo die Jungen Panzer- und Schützengräben und Granatwerferstellungen anlegten, Stacheldrähte ausrollten, Drahtverhaue bauten. Vermutlich waren es Arbeiten zur Maas-Rur-Stellung, die zwischen der Maas bei Venlo und der Rur bei Wasserberg gegraben wurde. Die schwere körperliche Arbeit lag ihm nicht, der lieber einen Zeichenblock hielt und Tusche-Skizzen anfertigte, bei denen es auf eine ruhige und feinfühlige Hand ankam – aber schlimmer war der Hunger: Die Heranwachsenden wurden viel zu schlecht versorgt. Gelegentlich fuhren sie abends, nach getanem Dienst, mit einer Schubkarre über die Felder, wo sie tagsüber Treibhäuser gesichtet hatten. Sie zerschlugen die Scheiben und stiegen ein, um die Tomaten vor der Zeit zu ernten und an Ort und Stelle zu verzehren. Lag es daran, dass manche noch unreif waren, waren sie schmutzig oder das Wasser verunreinigt, mit dem sie den Mundraub wuschen? Oder aßen sie einfach zu viele Tomaten auf den chronisch leeren Magen? Die meisten der Jungen litten jedenfalls unter Durchfall. Eines Morgens – die ausgehungerte Gruppe war gerade marschbereit in Richtung Baustelle – fuhr ein Militärauto vor. Zwei Soldaten stiegen aus und gingen auf den „Führer“ der Hitlerjungen zu. Vor allem, was mit der Wehrmacht zu tun hatte, hatten diese noch immer großen Respekt. Sie wunderten sich tüchtig, als kurz darauf der Name „Klaus Winterhager“ ausgerufen wurde. Was hatte das zu bedeuten? Etwas Gutes, wie sich zum Glück herausstellte. Die fremden Soldaten baten um einen Tag Urlaub für den Aufgerufenen und darum, ihn zum Stadtkommandanten von Venlo bringen zu dürfen. Denn dessen Name war Kesseler. Es war jener väterliche Freund, der nach Kriegsbeginn in seine Offizierslaufbahn zurückgekehrt war, Oberst wurde, und schließlich Kommandant der besetzten Stadt.

Von den Eltern hatte Kesseler erfahren, dass sein junger Freund in der Gegend von Venlo im Arbeitseinsatz sei. Er hatte seinen Fahrer mit Begleitung losgeschickt, um nach ihm zu suchen. Jetzt empfing er ihn freundlich und fürsorglich in seiner Kommandantenvilla, die den denkbar größten Kontrast zum primitiven Lagerleben abgab. Die bürgerlich-kultivierten Räumlichkeiten erinnerten den Jungen an zu Hause, nur größer und schöner, beinahe so, wie er sich die Gemächer eines Schlosses vorstellte. Er selbst war völlig abgemagert und sah blass und kränklich aus. „Du brauchst etwas zu essen“, sagte Kesseler und schickte nach dem Koch. „Was machen wir mit dem?“ „Er darf sich nicht den Bauch vollschlagen. Das würde er nicht verkraften.“ Klaus Winterhager bekam also Schonkost, ein wenig Reis und einige Kekse, dann organisierte Kesseler für ihn eine Stadtrundfahrt durch Venlo. Im Dienstwagen fuhren sie auch über eine Brücke, an der rechts und links schon die Bomben für den Rückzug vorbereitet lagen. „Wenn du etwas brauchst“, sagte Kesseler zum Abschied, „Ich bin immer für dich da.“ Obwohl der junge

Winterhager von diesem Angebot keinen Gebrauch machte (er wollte sich gegenüber seinen Kameraden nicht über Gebühr Vorteile verschaffen), hatte er doch auch nachträglich einen Gewinn von seinem Venlo-Ausflug. „Wer bist du eigentlich?“, fragte sein Vorgesetzter, „Woher kennst du den Kommandanten?“ „Ja, der Stadtkommandant ist mein Freund!“, gab er stolz zur Antwort. So wusste der Mann Bescheid. Als Vorgesetzter verhielte er sich besser untadelig. Fortan fasste er den Jungen mit den guten Beziehungen vorsichtig an.

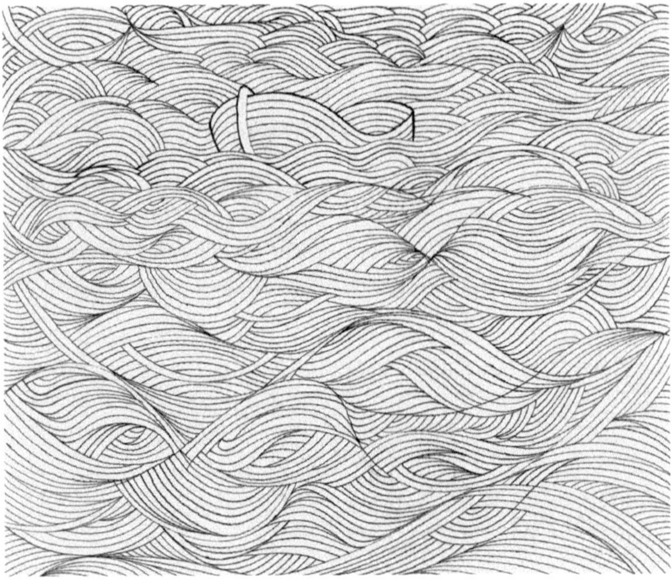

Wellen und Kahn

Fünf Kanadier 11

Ein Bannausbildungslager der Hitlerjugend – natürlich obligatorisch – fand in der Jugendherberge „Roemryke Berge“ in Burg an der Wupper statt.[4] Sie lag auf einer Anhöhe im Stadtteil „Oberburg“. Das vom Fachwerk mehr geschmückte als gestützte Haus mit dem hohen Giebeldach besaß die Anmutung eines übergroßen Bauernhofs mit Stall. Den früh Uniformierten wurde unter diesem Dach gewissermaßen die Rolle der Nutztiere zugewiesen. Vor dem Haus ein Hof, der zum Exerzierplatz geworden war. Einer brüllte immer und die „Auszubildenden“ mussten rennen, oder stillstehen, je nachdem. Mit der Feder zeichnete Klaus Winterhager das Gelände der Jugendherberge, Offiziere in Stiefeln, die Hitlerjungen in Reih und Glied, kleine Figuren, die sich duckten, sich flach legten und wieder aufstanden, um sogleich wieder in den Laufschritt zu fallen.

Am 4. November 1944 näherten sich alliierte Bomber dem leicht zu überblickenden Gelände. Die Sirene heulte. Etwa hundert Menschen rannten in den Keller, auch die Küchenfrauen und ihre Kinder. Diese Schutzmaßnahme war berechtigt: Bald waren die Einschläge zu hören. Staub wirbelte auf. Die Kinder und Mütter begannen vor Angst zu schreien – und sicher auch der eine oder andere der Jungen. Sie kauerten in den Ecken und hielten sich die Ohren zu. Über ihnen barsten Balken, stürzten Mauern ein. Zum Glück wussten Rettungskräfte, wo sie zu finden waren. Mit dem Bulldozer befreiten sie die Schutzsuchenden aus den Trümmern der Jugendherberge. Zwei Stunden lang waren sie verschüttet gewesen. Die Jungen, Frauen und Kinder waren mit Staub bedeckt, wie Brot mit Mehl. Schutzlos geworden rannten sie in Richtung Unterburg, einem tiefer liegenden Teil des Ortes. Für die folgende Nacht bezogen sie Quartier in Schloss Burg. Klaus Winterhager lag in der Kemenate auf dem Fußboten und hoffte, dass die Bomber nicht noch einmal kommen würden. Doch sie kamen. Das ehemals wehrhafte Gemäuer, das irreführend „Schloss" genannt wird, ließen sie jedoch stehen. Sie flogen Solingen an.

Zwei Tage, nachdem die Jungen unter dem Schutt der Jugendherberge beinahe zu Tode gekommen wären, kommandierte man sie zu Aufräumarbeiten. Der Krieg war verloren, aber noch nicht zu Ende. Seit zwei Wochen war Aachen als erste deutsche Stadt von den Amerikanern besetzt. Nun marschierte die kleine Truppe durch das zerstörte Solingen. Es war lausig kalt. Sie wurden wie Soldaten behandelt. Dass sie noch Kinder waren, schienen die „Ausbilder" vergessen zu haben. In diesem Krieg war den meisten Erwachsenen, die angeblich über die größere Lebenserfahrung verfügten, der Sinn für das Angemessene verlorenen gegangen. Das Gefühl für die richtigen „Proportionen" sei vielfach verschwunden, so formulierte es Klaus Winterhager. Ein Luftwaffenoffizier wandte sich an die Gruppe, er verlangte Hilfe. Klaus wollte etwas tun, um die Kälte besser ertragen zu können, darum meldete er sich. Im Gänsemarsch liefen die Freiwilligen hinter dem Offizier durch die Trümmer. Nach einigen Minuten erreichten sie das Wrack eines englischen Kampfflugzeugs, das an einem der vorangegangenen Tage abgeschossen worden war. Der Offizier verlangte, die Toten zu bergen und zu beerdigen. Diese Zumutung empörte Klaus Winterhager noch im Interview: „Wie kam ein reifer Mann dazu, so etwas von uns Kindern zu fordern?" Eine Wahl blieb ihnen nicht. Die Jungen holten fünf tote Soldaten, oder was von ihnen übrig geblieben war, aus dem Flugzeug, und brachten sie zu einem Friedhof in der Nähe. Sie wurden ohne Zeremonie beerdigt, in einem einzigen Grab am Rande des Gottesackers. Es waren fünf junge Männer aus Kanada.

Jahre später, während Winterhagers Studium in Köln, kam er zufällig an diesem Friedhof vorbei. Als er erkannte, wo er war, parkte er das Auto an der Friedhofsmauer. Die Wege lagen menschenleer. Er lief zu der Stelle, an der sie die Kanadier begraben hatten. Das Gras verriet nichts mehr davon, und auch kein Grabstein. Winterhager blickte auf die Stelle, die er zweifellos wiedererkannte, bis er hörte, wie ein Stück entfernt der Friedhofsgärtner ein neues Grab aufschaufelte. Er stellte sich ihm vor und erklärte, was er suchte. Davon habe er gehört, sagte der Mann, nach dem Krieg hätten die alliierten Soldaten ihre Toten gesucht und an zentraler Stelle würdevoll erneut beerdigt. Mehr wisse er nicht.

Die fünf Toten blieben ein Teil von Winterhagers Biografie. In den Neunzigerjahren – als Professor für Grafik-Design an der Bergischen Universität Wuppertal näherte er sich bereits der Altersgrenze – entdeckte er im Zentrum von Rheinberg, einer kleinen Stadt am Niederrhein, ein Hinweisschild: „Rheinberg War Cemetery“.[5] Er folgte der Richtung, die es angab, und entdeckte in einem Waldgebiet abseits der Straße einen großen Soldatenfriedhof: auf dem sauber gepflegten Rasen ein Monument aus weißem Stein, der „Stone of Remembrance“; auf der anderen Seite der Mittelachse das „Cross of Sacrifice“ aus gleichem Material, rechts und links Reihen weißer Grabsteine. Auf einer Metallplatte las er das Folgende:

Auf dieser Kriegsgräberstätte sind 3334 Gefallene des Zweiten Weltkriegs, vor allem Luftwaffenangehörige, begraben worden. Nach Nationalitäten aufgegliedert handelt es sich um 2458 Briten, 516 Kanadier, 240 Australier, 104 Neuseeländer, 5 Südafrikaner, 1 Inder, 8 Polen, 1 Amerikaner und 1 mit unbekannter Nationalität.[6]

Er schritt die Gräberreihen ab, bis es dämmerte und seine Augen von der Anstrengung tränten, die Inschriften zu lesen. Am nächsten Tag fuhr er erneut nach Rheinberg und suchte weiter, wo er aufgehört hatte. Nach etwa einer Stunde fand er sie: Fünf Kanadier, die am 4. November 1944 ums Leben gekommen waren. „Diese Personen hatten etwas mit mir zu tun“, sagte Klaus Winterhager zu mir, in unserem Interviewzimmer im Justina-von-Cronstetten-Stift, „Ich fühlte, wie sie mir in diesem Moment nahe waren.“

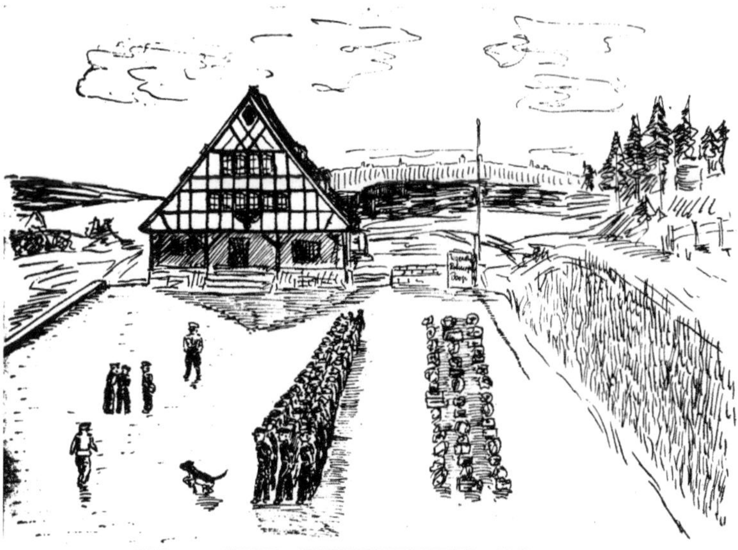

Tuschezeichnungen Klaus Winterhagers aus dem „Bannausbildungslager“ der Hitlerjugend, Anfang November 1944. Klaus Winterhager illustrierte die Geschehnisse während des Bombenangriffs wie in einem grafischen Tagebuch.

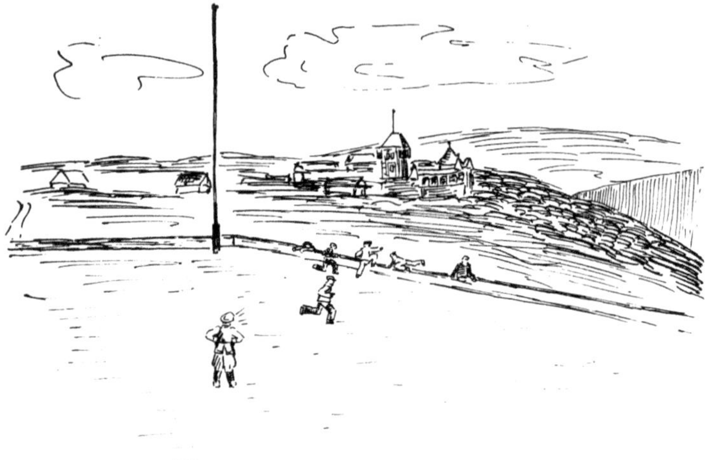

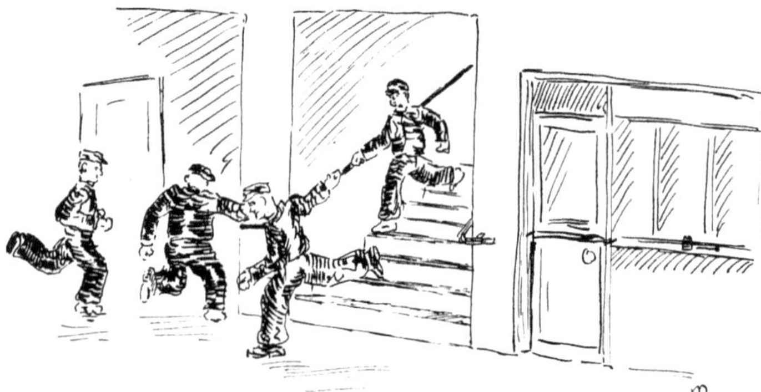

Fliegeralarm
4.11.1944.

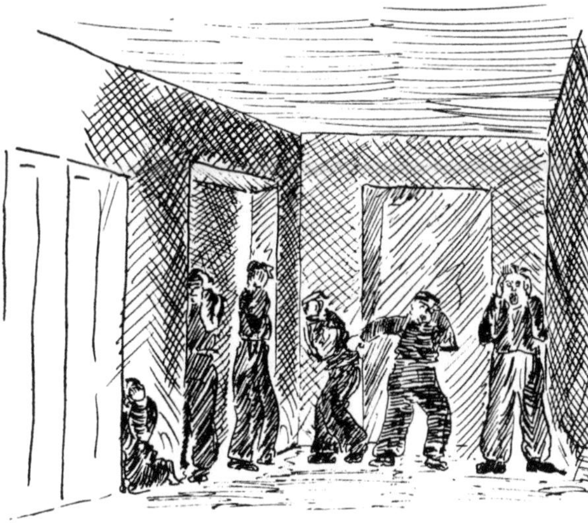

Während die Bomben fallen ...

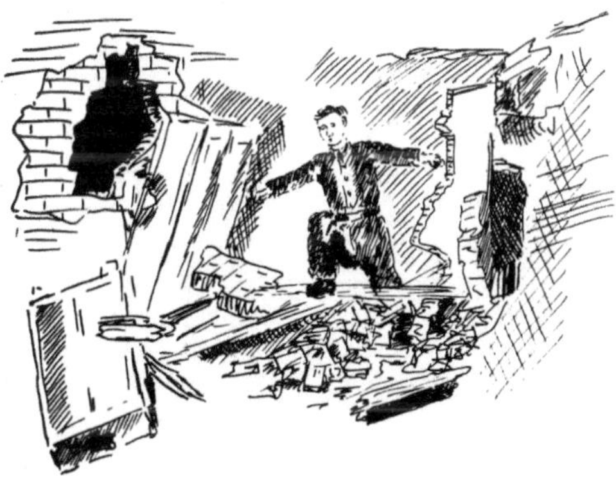

nach dem Bombenangriff ...

über Trümmer vorwärts.

4.11.1944.

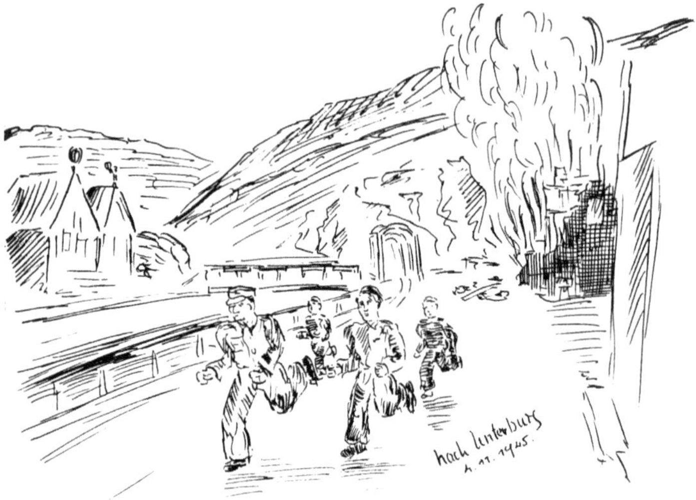
nach Unterburg
4.11.1945.

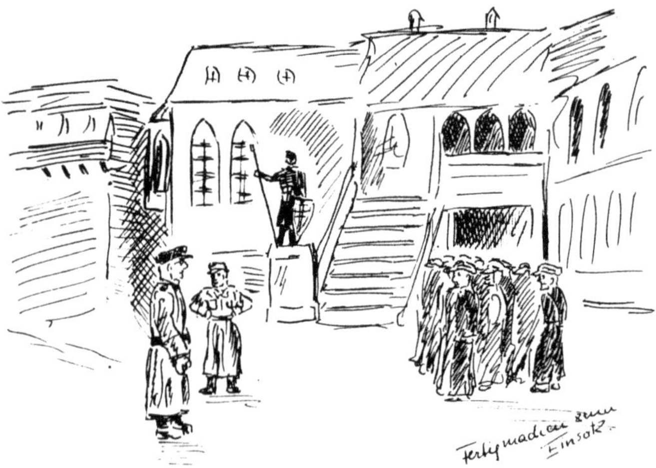
Fertigmachen zum Einsatz.

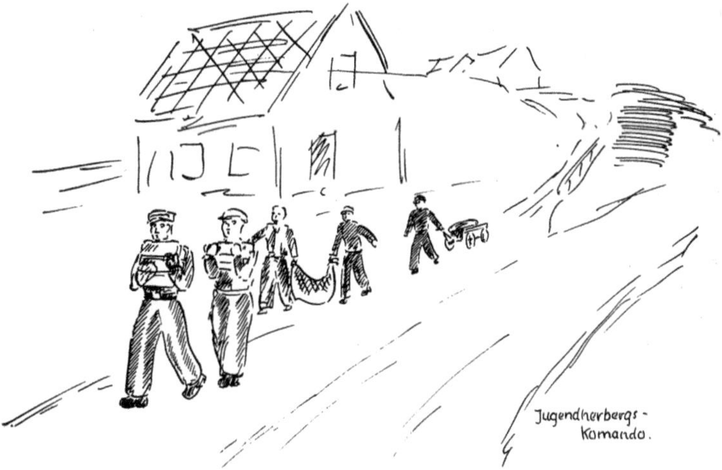
Jugendherbergs-
Komando.

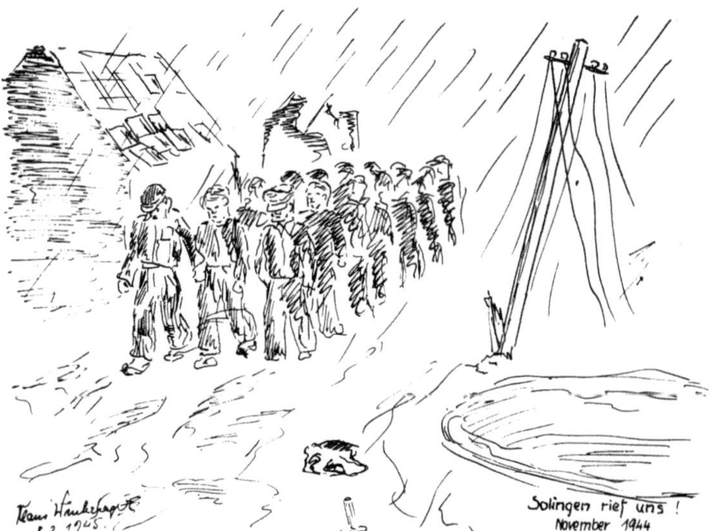
8.2.1945.
Solingen rief uns!
November 1944

Das Glück des Zeichners 12

Die Schule war ganz dem Krieg gewichen. Nach den Befehlen der Nationalsozialisten war die Kindheit zu Ende. Im September hatte Hitler die Bildung des „Deutschen Volkssturms" angeordnet, aus „allen waffenfähigen Männern im Alter von 16 bis 60 Jahren". Für die Jungen kam es auf jede Woche an.

Der nächste Einberufungsbefehl zitierte Klaus Winterhager in ein Wehr-Ertüchtigungslager nach Hückeswagen, zur vormilitärischen Ausbildung. In einem Zeitungsbericht der rheinischen Post[7] finde ich, dass es sich um die umgebaute katholische Schule an der Weierbachstraße handelte. Die Ausbilder waren verwundete Wehrmachtssoldaten. Mit Schieß- und Exerzierübungen sollten die Angehörigen des Jahrgangs 1929 vorsorglich „ertüchtigt" werden. Der Hitlerjunge Winterhager hatte – wie bisher stets – seinen Zeichenblock dabei. Jedes Mal noch war er dazu auserkoren worden, mit akkurater Handschrift Schilder zu beschriften oder etwas anderes zu zeichnen. So wurden ihm anstrengende und eintönige Übungen erspart. In Hückeswagen legte er es nun darauf an. In der ehemaligen Schule entdeckte er einen freien Arbeitsplatz, eine Stube mit Schreibtisch und Sessel. Dort hinein setzte er sich und zeichnete. Die Rechnung ging auf – man ließ ihn gewähren. Keiner der Ausbilder und Vorgesetzten konnte sich vorstellen, dass er seiner Arbeit ohne Weisung nachging, er schien es auf Befehl eines anderen zu tun. Vier Wochen lang saß er an diesem Tisch, ohne dass es jemand beanstandet hätte, während sich auf dem Hof allerlei militärischer Drill abspielte.

Gefährlich wurde es trotzdem für ihn: Der Raum, in dem der junge Zeichner saß, war durch eine provisorische Sperrholzwand vom Nebenraum getrennt, in dem sich der Lagerleiter aufhielt. Als dort gerade eine Geburtstagsfeier stattfand – es wurde recht laut – stand Winterhager auf und lief über eine Treppe nach oben, vermutlich um zur Toilette zu gehen, vielleicht auch, weil ihn der Lärm störte. Da hörte er einen noch größeren Lärm: Jemand schoss mit einem Maschinengewehr! Als es wieder ruhig geworden war, ging der Junge vorsichtig zurück – und fand seinen Zeichenraum vollkommen zerschossen: Die Sperrholzwand zum Nebenraum war durchlöchert, und auch die gegenüber, vor der er gesessen hatte. Einer der Geburtstagsgäste hatte zu viel getrunken und aus bloßem Übermut gegen die Wand gefeuert. Jetzt kamen sie herüber, darunter auch eine resolute Frau, die einzige Frau im Lager, die für Verwaltungsaufgaben zuständig war. „Da sitzt doch jemand“, rief sie verwirrt und wurde kreideweiß, als sie den Jungen auf der Treppe entdeckte. „O Gott, da biste ja wieder!“, kam sie auf ihn zu. Sie hatten geglaubt, dass er aus Versehen erschossen worden wäre. Zwar entschuldigte sich niemand bei ihm, der Schießwütige ebensowenig wie der Lagerleiter, doch wurde er nach dieser peinlichen Episode sorgfältiger behandelt. Der Junge konnte seinen Vorgesetzten das schlechte Gewissen anmerken.

Kindersoldaten 13

Als Klaus Winterhager nach einigen Wochen endlich von Hückeswagen nach Hause durfte, hoffte er, nun endlich verschont zu bleiben von militärischen Übungen – der Krieg musste doch bald zu Ende sein, Remscheid war bereits weitgehend zerstört, und was hätten er und seinesgleichen der Übermacht der alliierten Streitkräfte schon entgegenzusetzen gehabt? Die letzte große Schlacht im Westen, die Einkesselung der Wehrmacht im Rheinland und Westfalen, stand unmittelbar bevor. Am 7. März hatten die Amerikaner die Rheinbrücke bei Remagen erobert. Doch gegen alle Vernunft erhielt der noch immer Fünfzehnjährige Ende März die nächste Einberufung: zu einem weiteren Wehrertüchtigungslager nach Witzhelden, einige Kilometer südwestlich von Remscheid. Witzhelden! Er wandte sich an die HJ-Bannleitung: Er sei doch oft genug schon in einem solchen Lager gewesen, kenne sich nun aus mit den Waffen, mit den Exerzierübungen, was solle ihm noch beigebracht werden? Er wurde fortgeschickt, ohne eine Erklärung zu erhalten. Befehl ist Befehl. Der ganze Jahrgang 1929 war betroffen. Klaus Winterhager kannte sie alle. Zu Fuß ging es nach Witzhelden ins Lager – doch anders als zuvor ließ man ihnen keine Zeit, sich einzurichten. Stattdessen führte man sie noch am selben Abend in ein Waldgebiet. Man ließ sie Aufstellung nehmen und verlas den Führereid, den sie nachzusprechen hatten: „... dass ich dem Führer des Deutschen Reiches und Volkes, Adolf Hitler, dem Oberbefehlshaber der Wehrmacht unbedingten Gehorsam leisten und als tapferer Soldat bereit sein will, jederzeit für diesen Eid mein Leben einzusetzen."

Nun wussten die Jungen, was sie erwartete. Nach den Vorschriften hätten sie dem Eid noch ein Hurra auf den Führer folgen lassen müssen. Es blieb ihnen in der Kehle stecken. Am nächsten Morgen marschierten die überrumpelten Kindersoldaten Richtung Hückeswagen und von dort bis Lüdenscheid, knapp 50 Kilometer auf der Straße. Die Gegend lag mitten im riesigen „Ruhrkessel", den die amerikanischen Truppen am 1. April bildeten. Das Gepäck wurde ihnen abgenommen – nicht zur Erleichterung, sondern weil die Aufseher wussten: Ohne Gepäck läuft keiner fort. In Lüdenscheid wartete ein Zug auf die erschöpften Jungen. Die Bahn nach Altena fuhr noch, diese Schienen waren noch nicht von Bomben getroffen worden. Bevor sie einstiegen, bekamen sie ihre Rucksäcke zurück. Doch eine kleine Gruppe hatte sich abgesprochen: „Wenn wir reinkommen – sofort weg!" Klaus Winterhager gehörte dazu. Sobald sie im Zug waren, schlüpften sie durch die Tür auf der anderen Seite wieder heraus, hüpften herunter und liefen geduckt in den Wald. Die Aufseher merkten nichts – oder sie kümmerten sich schon nicht mehr darum. Nach einem Tag als Soldaten waren Winterhager und die anderen bereits Deserteure. Sie mussten Angst haben, von SS-Männern erschossen zu werden. Zurück von Lüdenscheid bis Remscheid liefen sie durch die Wälder. Wege und Straßen mieden sie, so gut es ging. Irgendwann, als sie doch einen Weg kreuzten, stießen sie auf eine kleine uniformierte Gruppe. Die Wälder waren jetzt voller Soldaten, die hofften, nicht mehr kämpfen zu müssen.[8] Etwa 350.000 Soldaten waren zwischen Ruhr, Rhein und Sieg eingeschlossen, ungefähr 10.000 davon sollten in diesem Kessel noch ums Leben kommen. Die Jungen waren erleichtert, nicht auf SS-Männer getroffen zu sein, und schauten sich verwundert die Autos an, welche die Soldaten dabei hatten: drei amerikanische Jeeps! Ein Soldat sagte zu Winterhager: „Den Jeep haben wir erbeutet. Den schenke ich dir!" Da war etwas verkehrt: ein deutscher Unteroffizier auf deutschem Gebiet, mit einem amerikanischen Jeep, den er auch noch verschenken will! Die Welt war endgültig aus den Fugen geraten. Auto fahren konnten die Jungen ohnehin nicht. Sie mussten zu Fuß weiter.

Als er endlich zu Hause angekommen war, erschraken die Winterhagers beim Anblick der Wehrmachtsuniform, die man ihm angezogen, und versteckten ihren Jungen auf dem Speicher des Mietshauses, das die Bombennächte unbeschadet überstanden hatte. Eine Holztreppe führte unters Dach, in einen staubigen und zugig-kalten Raum. Dort musste der „Deserteur" zwei Wochen lang ausharren, während die alliierten Armeen den Ruhrkessel schlossen. Unter den Nachbarn war kein Denunziant. Am 15. April 1945 wehten viele weiße Flaggen in Remscheid, die deutschen Soldaten ergaben sich und die Stadt, von den Luftangriffen schon zerstört genug, wurde kampflos eingenommen. Als die amerikanischen Panzer durch die Straßen rollten, war es auch für Klaus Winterhager eine Befreiung: Endlich konnte er wieder aus seinem schmutzigen Versteck hervorkriechen und hinunter in die Wohnung. Zwei Tage später kapitulierte die gesamte Heeresgruppe B.

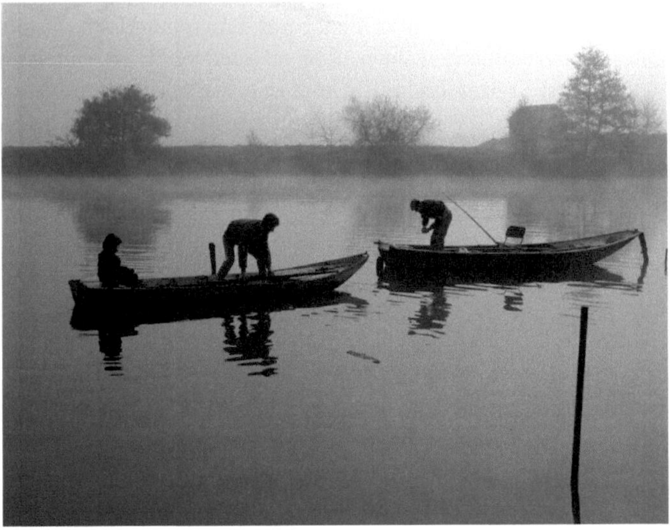

Saine-Fischer, Fotografie

Stenografie 14

Der Krieg war zu Ende. Der Ausnahmezustand sollte noch eine Weile andauern. Die Amerikaner waren, wunderlich genug, über Nacht von Feinden zu Freunden geworden. Allerdings besetzten sie vorerst das durch Bombenangriffe bereits seit längerer Zeit beschädigte Schulgebäude.[9] Sogar der Notunterricht fiel jetzt aus, der seit den Bombentreffern auf die Ernst-Moritz-Arndt-Schule in unterschiedlichen Schul- und Verwaltungsgebäuden der Stadt abgehalten worden war. Schnell fühlte sich der junge Winterhager wieder sicher. Doch was sollte er nun anstellen? Gab es etwas, was ihm nützlich sein könnte, in dem Leben, das nun kommen würde? Wohl aus Zufall stieß er auf die Ortsgruppe Remscheid der Deutschen Stenografenschaft, die sich ein Jahr später als Remscheider Stenografenverein von 1878 e. V. demokratisch neu organisierte.[10] Hier wurde bereits Kurzschrift unterrichtet, bevor der reguläre Schulunterricht wieder aufgenommen wurde. Klaus Winterhager stürzte sich mit dem Eifer eines lange am Lernen gehinderten Kindes auf die neue Aufgabe. Die Stenografie passte zu seiner Affinität gegenüber allem Grafischen und Schriftlichen, so dass er schnell Erfolge verbuchen konnte. Die neuen Schriftformen machten ihm Spaß – außer der „Verkehrsschrift“, die von Sekretärinnen oder Stenotypistinnen beim Diktat angewendet wurde, gab es die Eilschrift, die verkürzte Eilschrift und – als Gipfel der Knappheit – die Redeschrift, die noch heute zur Aufzeichnung von Parlamentsdebatten verwendet wird. So viele Möglichkeiten, denselben Satz grafisch festzuhalten, faszinierten Winterhager. Jedes kleinste Häkchen konnte als Zeichen Bedeutung tragen. Sonntag morgens veranstaltete der Verein Schreibwettbewerbe, daran nahm er regelmäßig teil. Schon bald war er Stadtmeister in der Redeschrift. In der Verkehrsschrift lagen meistens die Mädchen vorne, doch bei der Redeschrift, die eher hobbymäßig und aus sportlichem Ehrgeiz betrieben wurde, waren es die Männer, in der Regel Männer reiferen Alters. Klaus Winterhager bildete eine Ausnahme. Die Stenographie wurde auch zum Inhalt der ersten Lehrtätigkeit, die an ihn herangetragen wurde. Als Oberschüler (nach einer Pause von etwa einem halben Jahr hatte im Oktober wieder der Gymnasialunterricht begonnen) brachte er einer Stenografieklasse bei, was er sich selbst in diesen sechs Monaten angeeignet hatte. Außerdem vermittelte ihn der Stenographenverein an eine Familie, deren „höherer Tochter“ er Privatunterricht erteilte. Zeit hatte er genug: In den gerade mal 12 Klassenräumen, die der Ernst-Moritz-Arndt-Schule zur Verfügung standen, wurde in wöchentlichem Wechsel vormittags und nachmittags unterrichtet.

Lebende M o d e l l e 15

Unter den deutschen Soldaten, die sich im Ruhrkessel eingeschlossen fanden und damit rechnen mussten, beim Einmarsch der Amerikaner gefangen genommen zu werden, war auch ein Schwabe aus der Nähe von Dillingen an der Donau, der mit einigen anderen im Erdgeschoss des Hauses in der Burger Straße untergebracht war. Dieser Süddeutsche hatte mit Hans Winterhager Bekanntschaft geschlossen und hielt ihn wohl für vertrauenswürdig, jedenfalls händigte er ihm, während sich Klaus noch auf dem Dachboden des Hauses versteckte, zwei schwere Rucksäcke aus. Er solle sie verwahren, bis er aus der Gefangenschaft wieder freikäme und sie abholen würde. Die übrig gebliebenen Soldaten vereinbarten, sich kampflos zu ergeben. In der Straße und auch im übrigen Remscheid kam es zu keinen weiteren Kämpfen. Doch der Schwabe meldete sich nicht mehr. Die meisten Gefangenen waren bereits nach Hause zurückgekehrt. Vor allem diejenigen, die von den Amerikanern in Gewahrsam genommenen worden waren. Im Frühjahr 1946 schrieb Hans Winterhager also an die mit den Rucksäcken zurückgelassene bayrisch-schwäbische Adresse, um Genaueres zu erfahren. Die Antwort traf schnell ein. Er sei wieder glücklich auf seinem Bauernhof und bei der Arbeit, schrieb der Besitzer. Anscheinend hatte er gar nicht darauf gezählt, sein Eigentum zurückzuerhalten. Doch jetzt fand sich eine Möglichkeit, es abzuholen, die Rucksäcke wurden aus dem Keller geholt, und der Gast bedankte sich freundlich: „Sie haben doch einen Sohn, der hier nicht satt wird. Was halten sie davon, wenn er die Ferien bei uns verbringt? Er geht uns bei der Arbeit zur

Hand, dafür wird er ordentlich versorgt, und auch bei Ihnen ist etwas mehr übrig." Es war die Zeit der Lebensmittelscheine und Hamsterfahrten, die Rationen knapp bemessen. Immerhin fungierte Tante Luises Schwiegervater als Verwalter der Raiffeisenkasse in Miesenheim, zwischen Rhein und dem Laacher See, die Kredite für die Bauern der Gegend vergab. Über diese Verbindung erreichten Pakete mit Wurst und Schinken die Familie. Auch Klaus Winterhagers „Auftraggeber" nebenan, Konditor Richter, bezahlte die Preisschilder und Karten mit Naturalien, dazu kamen gelegentlich Stücke aus der Käsegroßhandlung von gegenüber. Es reichte, aber richtig satt essen konnte sich der angesprochene Sohn nur selten. Die Aussicht auf üppigere Nahrung, wahrscheinlich auch auf die gesündere Landluft, war jedenfalls verlockend genug für ihn, um zu Beginn der Ferien in den Süden zu reisen – trotz der weniger anziehenden Bedingung bäuerlicher Mitarbeit. Tatsächlich war das Essen gut, der Tonfall in der Familie zwar etwas barsch – es war das bayrische Schwaben, nördlich der Linie Ulm-Augsburg –, aber keineswegs böse, und es gab reichlich zu tun: Die Kühe mussten gemolken werden, Roggen geerntet, Futter geholt, was auf einem Bauernhof von früh bis spät eben anfällt. Einmal, als der nun Siebzehnjährige allein mit dem Ochsenfuhrwerk unterwegs war, brachen die Tiere zur Seite aus, um es sich auf der Weide gut gehen zu lassen, und der Wagen kippte auf dem einsamen Feldweg um. Niemand weit und breit, der weiterhelfen konnte. Der Junge überlegte lange, wie er es anstellen sollte, und schließlich brachte er die Ochsen mit Locken und Ziehen so weit, dass sie den Wagen wieder aufrichteten. An Sonntagen, wenn die Bauernfamilien sich in der hübschen Bauernkirche am Ort versammelten und der größte Teil der Arbeit ruhte, zog Klaus Winterhager den Zeichenblock hervor, und übte sich darin, vom lebenden Modell zu zeichnen. Das hatte er noch nie versucht. Einige der entstandenen Blätter blieben erhalten und lagern im Metall-Planschrank: Skizzen von Kühen und anderen Tieren, auch ein Aquarell des Bauernhofes, mit türkisfarbenen Fensterläden, Strommasten im Hintergrund und einem recht idyllisch wirkenden Misthaufen vorm Stall. Ich fragte mich, was der Bauer von diesen Skizzen hielt, ob er sich vielleicht ein Aquarell für seine Stube erbat?

Die Bauersleute waren, wie üblich im katholischen Dorf, gute Kirchgänger, zudem sangen sie im Kirchenchor. „Geh doch mal mit in die Kirche", wurde der Ortsfremde irgendwann aufgefordert. „Kann ich doch nicht. Ich bin evangelisch." „Ach was, du gehst mit uns auf die Empore, da sieht dich der Pfarrer nicht." Mit gemischten Gefühlen gab Klaus Winterhager nach. Er wusste nicht recht, weshalb er sich eigentlich den katholischen Gottesdienst ansehen sollte, oder anhören – vielleicht um den zu Chorgesang zu loben? Nein, so war es nicht. Als er nämlich auf die Empore mit der Orgel gestiegen war und sich – möglichst unauffällig – hingesetzt hatte, kamen bald andere Bauern auf ihn zu und begannen zu tuscheln: Sie hätten erfahren, dass er aus dem Bergischen Land komme, aus Remscheid, und wohl gute Beziehungen zu bestimmten Firmen hätten. Firmen, die Werkzeuge herstellten. Während der Pfarrer die Messe hielt, und zwischen den Liedern, die der Chor von der Empore sang, war von Feilen die Rede, speziellen Sägefeilen, um die Sägeblätter von Kreissägen zu schärfen, und von einer Antriebswelle für Traktoren und Schlepper. In Schwaben und Bayern gab es zwar reichlich zu essen, doch noch wenig Industrie. Glücklicherweise hatte Onkel Karl Wellershaus schon etwas geahnt und ihm großzügig Hilfe angeboten, so dass er in der Lage war, die bäuerliche Nachfrage zu befriedigen. „Kannst du mir drei Feilen besorgen, von dieser und dieser Art?" „Einen Kilo-Fäustel?" „Eine gute Beißzange?" „15er-Schrauben?" Ja, ja, alles. Dafür wurden dem Städter großzügig Lebensmittel angeboten, ein halber Zentner Mehl, Eier, Wurst, die er in Pakete packte und nach Remscheid schickte, sobald die Bestellungen der Bauern aus der Wellershaus-Fabrik angekommen waren. Ja, sogar Eier habe er auf dem kleinen Postamt verschickt, das eine Bauersfrau in ihrer Küche unterhielt, erzählte Winterhager. Sicherlich war er stolz darauf, wie er seine Eltern mit der einzigen Währung unterstützen konnte, die zu dieser Zeit etwas galt.

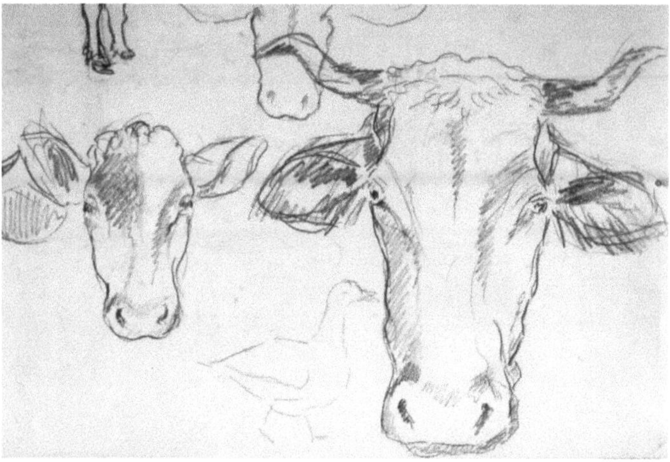

Klaus Winterhagers Kuhschädel-Studien, 1946

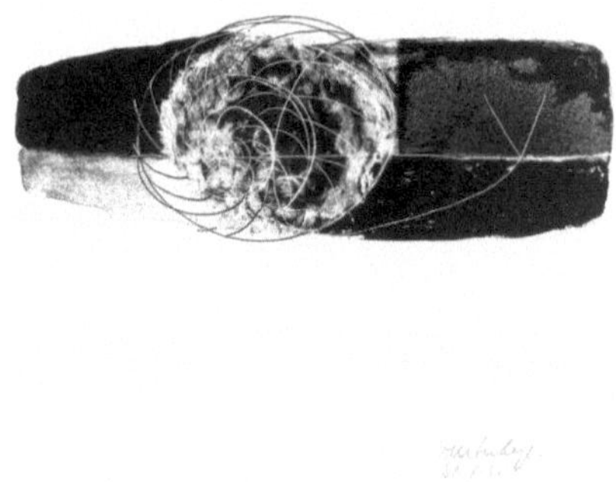

Schnecke, Lithographie 1985

Durst 16

Das Essen auf dem Bauernhof war mehr als ausreichend, dazu die Tauschware – der junge Winterhager nahm zu. Die ungewohnte Menge Fett setzte seinem Körper aber auch zu: Butter, Wurst, Süßspeisen – darauf war sein Stoffwechsel nicht eingestellt. Öfter fühlte er sich unwohl. Bei der Kornernte und dem Einbringen des Strohs war es unvermeidlich, dass er sich an Halmen stach – kleine Verletzungen, die normalerweise schnell und unbemerkt heilen. Bei diesem jungen Mann mit geschwächtem Immunsystem führten sie jedoch zu Entzündungen, die den ganzen Organismus in Aufruhr versetzten. Das Fieber stieg an. Glücklicherweise waren die sechswöchigen Sommerferien nun vorbei, so dass er zurück nach Hause fahren konnte. Weil viele Bahnstrecken noch auf ihre Instandsetzung warteten und zu wenige Züge zur Verfügung standen, überfüllten Reisende im Nachkriegsdeutschland nicht selten die Bahnhöfe. Ein Schwager des Bauern arbeitete bei der Bahn und besorgte eine Fahrkarte für die Rückfahrt, die jedoch noch lange keine Garantie dafür darstellte, einen bestimmten Zug zu erreichen. So stand Klaus Winterhager am Bahnhof Donauwörth, der mit einem provisorischen Zaun gegen die Wartenden abgeschirmt war. Der Zug hielt, ohne dass bereits ersichtlich war, wen die Bahnbeamten einsteigen lassen würden. Da entdeckte er, erzählte Winterhager, eine Rotkreuzschwester – „damals so etwas wie eine lebende Heilige“. Die wird sicherlich reingelassen, dachte er sich, und stellte sich in ihre Nähe. Und tatsächlich: Einer der Beamten gab ihr ein Zeichen und wies ihr den Weg über die Gleise zum stehenden Zug. „Da packte sie ihre Tasche, zog los, und ich hinterher!" Klaus Winterhagers Taktik ging auf. Er stieg mit der Rotkreuzschwester ein, fand sogar einen Sitzplatz – nur stellte kurz darauf ein anderer Uniformierter fest, dass es sich um das Dienstabteil handelte. So musste er in dem überfüllten Zug die ganze Strecke von Donauwörth bis Hagen in Westfalen stehen. Es war Sommer und er hatte Fieber. Bei jedem Stopp stieg er aus, um nach Wasser zu suchen, denn von Station zu Station quälte ihn der Durst stärker. „Wenn ich jemanden mit einer Flasche Wasser in der Hand gesehen hätte", sagte er, „hätte ich sie ihm bestimmt fortgerissen – so schlimm war der Durst." Aber niemand war da, auch die Rotkreuzschwester war verschwunden. Vielleicht hätte sie ihm noch einmal behilflich sein können, mit dem Eindruck, den sie auf die Menschen machte.

Zu einer richtigen Geschichte gehört auch ein Ende, das den Leser oder Hörer aus ihr entlässt und die Spannung lindert, die sich in der Fantasie aufgebaut hat. Das Ende fehlt hier. Wie löschte der Reisende schließlich seinen Durst? In der Erinnerung Winterhagers spielte das keine Rolle. Irgendwo wird er einen gewöhnlichen Wasserhahn gefunden haben. Was ihm als wichtig im Gedächtnis blieb, war die Qual des Durstes an sich, die er vorher nie in dieser Intensität erlebt hatte und hinterher nie mehr erleben musste.

Im nächsten Sommer, 1947, fuhr Klaus Winterhager noch einmal an die Donau. Am 20. Juni 1948 wurde im Westen des Landes mit der D-Mark eine neue Währung eingeführt, woraufhin sich die Regale der Lebensmittelgeschäfte schnell wieder füllten. Die Macht der Bauern schwand. Für Landurlaube musste der Gymnasiast nun keine Zeit mehr aufbringen.

Abendkurs 17

Heinz Nickol, der Kunstlehrer, der gleich zu Beginn des Krieges eingezogen worden war, kehrte lebend und äußerlich unversehrt zurück. Zufällig traf er seinen ehemaligen Schüler auf der Straße. Mehr als fünf Jahre waren vergangen, seit er Klaus Winterhager zuletzt gesehen hatte, statt dem Zehnjährigen hatte er einen Sechszehnjährigen vor sich, und doch erkannte er ihn wieder: „Was ist denn passiert, während ich im Krieg war?" „Im Kunstunterricht meinen Sie? Eigentlich nichts." Da empörte er sich: „Wie kann man nur die Kunst streichen? Was ist denn das für eine Schule?"

Als das Gymnasium am 31. Juli 1943 nach einem Bombenangriff ausgebrannt war, war Winterhager in der Obertertia gewesen – dem neunten Schuljahr. Hierdurch, dem Notunterricht im Mehrschichtsystem und vor allem durch die Arbeitseinsätze außerhalb Remscheids, verlängerte sich seine Schulzeit, so dass er 1949 als Obersekundaner noch immer zwei Jahre bis zum Abitur vor sich hatte. Gemalt und gezeichnet hatte der Schüler Winterhager stets, doch ohne es gleichsam zum Programm erhoben zu haben. „Unbewusst", kommentierte er im Gespräch. Er konnte es eben gut und hatte nach wie vor Freude daran. Etwas anders war es in Hinsicht auf die Beschäftigung mit Kunst: Vom wenigen Taschengeld kaufte er sich Fachzeitschriften über Gebrauchsgrafik und besuchte Ausstellungen.

Das zufällige Treffen mit Nickol gewann Bedeutung für Winterhager, weil es mit einer Einladung angeschlossen wurde: „Zusammen mit Ernst Weber, einem Grafiker, gebe ich einmal die Woche Abendkurse in Wermelskirchen. Möchten

Sie nicht dazukommen?“ Während der Abendkurse, zu denen der angehende Künstler eine gute Stunde laufen musste, stellten sich für Winterhager wichtige Weichen. Nicht allein aufgrund der Möglichkeit, seiner Leidenschaft unter Anleitung nachzugehen, seinem ersten richtigen Zeichenkurs überhaupt. Die Abendkurse brachten ihm auch einen Nebenverdienst ein: Weber arbeitete unter anderem im Auftrag einer bekannten Schuhfabrik mit Werbefotografien der einzelnen Modelle, die der junge Kollege retuschieren sollte. Winterhager zeichnete die Schuhnähte ein, die auf den Fotos nur schwer zu erkennen waren. Während der künstlerischen Treffen ergab es sich außerdem, dass Weber von seiner eigenen Ausbildung an den Kölner Werkschulen erzählte: Die Kölner Werkschulen – der Plural ist korrekt – waren 1926 unter dem damaligen Kölner Oberbürgermeister Konrad Adenauer aus der Kunstgewerbeschule entstanden. Eben dem Konrad Adenauer, der inzwischen als erster Kanzler der Bundesrepublik amtierte. Der Deutsche Werkbund, dessen Programm sich die Werkschulen verpflichtet sahen, war von den Nationalsozialisten verboten worden. In diesem Programm ging es um eine möglichst enge Verbindung von Entwurf und Ausführung und die Annäherung von freier und angewandter Kunst. Mit der Unterdrückung dieser Ideen und der Einsetzung einer neuen, regimetreuen Leitung verloren die Kölner Werkschulen ihre wegweisende Bedeutung. Doch die im Krieg beschädigten Gebäude, das wusste Weber zu berichten, waren inzwischen wieder instand gesetzt worden, und bereits im November 1946 hatten die Werkschulen den Studienbetrieb wieder aufgenommen. Das war etwas, worauf Klaus Winterhager seine Hoffnungen richten konnte.

Aufnahmeprüfung 18

1951 legte Klaus Winterhager das Abitur ab. Nun konnte er endlich nach Köln fahren, um sich für ein Grafik-Studium an den Kölner Werkschulen zu bewerben. Er verstaute seine besten Zeichnungen sorgfältig in einer Mappe. Und sobald er das Sekretariat im „Roten Haus" am Ubierring betrat, das die Werkschulen beherbergte, wurde er bereits beglückwünscht: Er käme gerade noch rechtzeitig, so informierte ihn eine Sekretärin: „Morgen beginnt die Aufnahmeprüfung." Am folgenden Tag fuhr er also erneut nach Köln, und anschließend für weitere zwei Tage: So lange sollten die praktischen Prüfungen dauern. Zusammen mit den anderen Kandidaten und Kandidatinnen saß er in einem Atelier und strengte sich an, die gestellten zeichnerischen Aufgaben zufriedenstellend zu lösen. Am dritten Tag – die Aufgabe war verkündet – war er gerade bei den Vorbereitungen, als sich der Professor, der die Aufsicht führte, über seinen Tisch beugte: „Ich habe Ihre Mappe gesehen. Sie kommen doch aus Remscheid?" Ja, erwiderte der Prüfling, das sei richtig. Der Professor sprach weiter. Ob er denn Köln kenne? Klaus Winterhager war ein wenig angespannt, schon konzentriert auf das, was er sich vorgenommen hatte, und antwortete knapp: „Ein bisschen nur." Doch Professor Anton Wolff blieb im beinahe vertraulichen Ton. Ob er denn an der Stadt interessiert sei? „Selbstverständlich. Sehr sogar." Obwohl Köln sechs Jahre nach Kriegsende noch deutlich unter den Folgen der Katastrophe litt, bot es für einen kunstinteressierten Abiturienten aus Remscheid mehr als genug Reize. „Dann sehen Sie sich doch einmal um in unserem Köln!" Nun wunderte sich der

Prüfling wirklich: Schließlich war er gekommen, um Aufgaben zu erfüllen, die Professor Wolff doch ebenfalls wichtig sein sollten. Irritiert zeigte er auf den Zeichenblock vor sich. „Ach, die Prüfung. Ich gebe Ihnen frei. Gehen Sie ruhig einmal spazieren." Da verstand er: Er war angenommen! Der Erfolg, den er mit seiner Mappe hatte, die Selbstverständlichkeit, mit der ihn Professor Wolff in den Kreis der Schüler aufnahm, machte Klaus Winterhager mit einem Schlag klar, woran er vermutlich wie beinahe jeder junge Mann noch gezweifelt hatte: dass er auf dem richtigen Weg war.

Vierzehn Tage später begann der Lehrbetrieb. Als ein Studentensprecher gesucht wurde, ging Professor Wolff erneut auf ihn zu und bot ihm das Amt an. Winterhager war überrascht. Er fühlte sich als Anfänger. Auf diese Weise wahrgenommen zu werden, war eine neue Erfahrung für ihn. Offensichtlich schätzte man den Wert seiner Arbeit, und das nicht nur bei seinen gelegentlichen Auftraggebern und im vertrauten Umfeld, sondern in Fachkreisen, denen er selbst mit großem Respekt gegenübertrat.

Der Krieg hatte Winterhagers Jugend zugleich verkürzt und verlängert. Als er im Sommersemester 1951 das Studium aufnahm, war er 22 Jahre alt. Bis dahin hatte er in weitgehend fremdbestimmten Bahnen gelebt. Schule, Hitlerjugend, Krieg und Nachkriegszeit mit ihren jeweils verschiedenen Zwängen und Nöten, dann wieder Schule. Jetzt erst fand er einen Wirkungskreis, der zu seinen Fähigkeiten und Neigungen passte. In Köln lernte er Menschen kennen, Kommilitonen wie Professoren, die Sensibilität zeigten, die vorsichtig mit den Dingen und den Menschen umgingen, die auf Nuancen achteten, auf die angemessenen Proportionen. „Erst hier fing ich an, bewusst zu leben", betonte Winterhager.

Unter Kollegen 19

Nicht lange, nachdem Klaus Winterhager die ersten Stunden in den Ateliers und Werkstätten der Kölner Werkschulen verbracht hatte, rief Professor Wolff bei seinen Eltern in Remscheid an, wo er noch wohnte. „Haben Sie am Wochenende etwas vor?“ „Nein.“ „Könnten Sie bei mir vorbeikommen? Ich wohne in Rodenkirchen.“ „Ja.“ War Winterhager tatsächlich so einsilbig? Als er mir diese Episode erzählt, kam es mir so vor. Seine zurückhaltende Art, seine Vorliebe für die jeweils kürzere von mehreren Arten, etwas auszudrücken, lassen es mich auch jetzt vermuten. Ins Plaudern wird er jedenfalls nicht gekommen sein, wenn der Professor anrief. Warum er nach Rodenkirchen im Süden Kölns kommen sollte, erfuhr er erst vor Ort, im imposanten Wohnhaus des Professors, genauer im Atelier, dessen Fußboden mit zusammengeklebten Zeichenkartons ausgelegt war, die ein Kirchenfenster zeigten, eins zu eins. Wolff hat in seinem Künstlerleben nicht viele Kirchenfenster entworfen, vielleicht war dies das erste. „Ich habe Sie hergebeten, weil ich diesen Entwurf in der nächsten Woche dem entscheidenden Gremium vorlege. Zuvor wollte ich um Ihre Meinung bitten.“ Es war ganz so, als sei der junge Winterhager ein Kollege des damals vierzigjährigen Wolff, mehr noch, als drehe der Professor den Spieß um. Wie üblich waren oder sind kollegiale Beratungen in solchen Fällen? Und wie oft lässt sich ein Professor von einem Studenten im ersten Semester beraten? Dazu muss man wissen: Anton Wolff war in Köln kein kleines Licht.[11] 1934 war er der Künstlergruppe „Werkgemeinschaft rheinischer Graphiker“ beigetreten, die sich kurz darauf den

Namen „Woensam-Presse“ gab. Woensam war ein Künstler des 16. Jahrhunderts (Kupferstecher, Holzschneider und Kunstdrucker) – das Programm der Gruppe war entsprechend „volksnah“ ausgerichtet. Ihre Arbeiten, zum Beispiel Mappen mit Kunstblättern betitelt „Rheinische Landschaft“ oder „Der Jahreskreis“ verkauften sich nicht nur gut, sondern genossen auch die Förderung des Staates – und das hieß: der NS-Kulturpolitik. Die Stadt Köln stellte der Gruppe Atelierhäuser in der Bonner Straße zur Verfügung. Wolffs Popularität hielt auch nach 1945 an, 1946 wurde er als Leiter der Klasse für Sach- und Figürliches an der Meisterschule der Hansestadt Köln zum Professor an den Werkschulen berufen. Er lehrte im Bereich der künstlerischen „Grundlehre“, dem Zeichnen und Malen. Als die Deutsche Post im Nachkriegsdeutschland Briefmarken drucken ließ, steuerte Anton Wolff eine traditionell-holzschnittartige Marke zum Kölner Dom bei (wie übrigens auch Heinrich Hußmann, Wolffs Lehrer und Kollege. Im Internetlexikon Wikipedia illustrieren sie jeweils die Artikel über Wolff und Hußmann).

Und nun fragte Wolff Klaus Winterhager um Rat. Diese Verkehrung der Verhältnisse hat den Angesprochenen sicher auch ein wenig erschreckt – zugleich blieb Wolff der Lehrmeister, in der Sicherheit nämlich, in der er seine Bitte vortrug. An diese Sicherheit konnte man sich anlehnen. Also konzentrierte sich der Befragte auf den Entwurf und Wolff wartete schweigend ab, bis der Jüngere etwas zu sagen hatte, etwas in der Art: „Hier ist es mir zu laut, dort zu leise“, während er auf die Kartons am Boden zeigte. Zuletzt bedanke sich Wolff und sprach eine Einladung zum Kaffee aus. Die Hausfrau servierte.

Als sich Wolff und Winterhager einige Tage später auf dem Flur am Ubierring trafen, erzählte der Professor aufgeräumt: „Gestern hatte ich den Ortstermin. Mein Entwurf wurde angenommen!“ Die Korrekturen, die Winterhager ihm nahegelegt habe, habe er noch eingearbeitet. Zufrieden mit der Beratung war Wolff zugleich so offen, den anderen Professoren zu erzählen, wer ihn beraten hatte. Die Urteilskraft und Urteilsfähigkeit des Neuen sprach sich schnell herum, so dass bald auch andere Lehrer, Maler, Bildhauer, ihn in ihr Atelier einluden. Es muss auch an der Art gelegen haben, in der er sein Urteil äußerte, besonders engagiert, besonders präzise? Nicht selten schickten die Lehrenden Studenten zu ihm, damit er ihre eigentliche Arbeit übernahm und einen Entwurf beurteilte. Eines Tages kam ein deutlich älterer Student zu Winterhager, der ebenfalls von einem Professor geschickt worden war. Sein Alter war kriegsbedingt: Als Offizier in russische Gefangenschaft gekommen, hatte er das Studium erst mit Mitte dreißig aufnehmen können. Er fragte den Jüngeren, wie er es organisieren solle. Das war eine andere Sache als die Beurteilung eines einzelnen Entwurfs, und angesichts der Differenz an Lebenserfahrung zweifelte Winterhager, ob er hier wirklich als Ratgeber auftreten sollte. Er fragte sich nach der Angemessenheit seiner Position, wird schließlich aber doch, so folgere ich aus der Erzählung, einige Ideen zu einem sinnvollen Aufbau der Studien formuliert haben. Nicht allein, dass Klaus Winterhager mehr denn je sicher sein konnte, als Grafiker und Gestalter den richtigen Berufsweg eingeschlagen zu haben, von Anfang an schien es ausgemacht, dass er auch Lehrer werden müsse, und das war für ihn eine Überraschung.

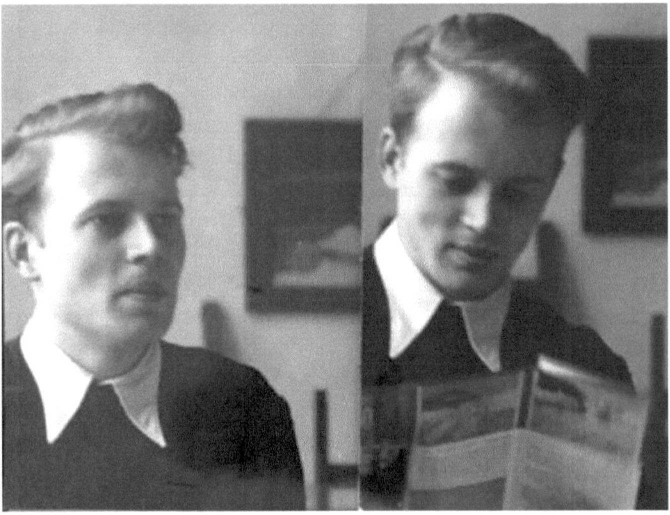

Klaus Winterhager als Student

Aus gutem H a u s e 20

Als Klaus Winterhager seinem Vater erklärte, an den Kölner Werkschulen studieren zu wollen, ließ dieser ihn zwar gewähren – schließlich wusste er schon lange von der Begabung seines Sohnes und der Stetigkeit, mit der dieser seine Interessen verfolgte. Er versprach ihm jedoch keine finanzielle Unterstützung. Für ein Zimmer in Köln oder sonstige besondere Ausgaben sei kein Geld vorhanden. Der junge Student war also darauf angewiesen, etwas zu verdienen, wenn er unabhängig werden wollte. Ohnehin war er an Nebenverdienste gewöhnt. Als Professor Wolff darum einer Gruppe von Studenten kleinere Aufträge ankündigte, ihn dabei aber überging, reagierte Winterhager enttäuscht. „Haben Sie nichts für mich?“ „Sie kommen nicht in Frage. Sie stammen aus gutem Hause. Sie brauchen das nicht!“ Wolff dachte sozial. Vielleicht lag seine Einschätzung auch daran, vermutete Winterhager im Rückblick, dass er mit 22 Jahren älter war als die meisten anderen Erstsemester. Die Jüngsten waren erst 17 Jahre alt. „Wie kommen Sie dazu, dass ich aus gutem Hause stamme?“ „Den Eindruck machen Sie auf mich.“ Immerhin, hier muss ich dem Professor recht geben, arbeitete der Vater als Ingenieur, und auch bei der Berücksichtigung der größeren Familie ist die Herkunft Winterhagers bürgerlich zu nennen. Ein Vermögen wird nach der Währungsreform jedoch kaum vorhanden gewesen sein, die Lohnunterschiede in der Nachkriegszeit waren moderat. Der gewöhnlich als „Wunder“ bezeichnete Wirtschaftsboom war noch nicht abzusehen, erst Mitte der Fünfzigerjahre machte er sich bemerkbar. Dann gab es sogar in Köln wieder Wohnungen.

„Wenn es darum geht, ein paar Pfennige zu verdienen, bin ich genau der Richtige“, so in etwa insistierte Winterhager, „Ich brauche es dringend.“ Wolff nahm es zur Kenntnis und stellte Winterhager nicht lange danach der Redaktion der Neuen Illustrierten vor, die bereits 1945 von Gustav Blankenagel gegründet worden war – als erste illustrierte Publikumszeitschrift im Nachkriegsdeutschland. Fortan fertigte Winterhager Layouts und Illustrationen für die Neue Illustrierte und die Lies mit! an, eine Lese-Zeitschrift im gleichen Verlag. Dafür gab es nicht nur „ein paar Pfennige“, vielmehr konnte er beinahe sein gesamtes Studium auf diese Weise finanzieren – und hatte zugleich den Freiraum, den er brauchte. Nur alle vierzehn Tage besuchte er die Redaktion, die ihm meistens einen Text übergab, den er über eine Doppelseite hinweg nach seinem Geschmack gestalten konnte. Auch was die Technik betraf, hatte er freie Hand, er konnte mit Tusche zeichnen, mit der Feder, dem Pinsel oder etwa Collagen anfertigen. Zwar erreichte die Neue Illustrierte nicht die politische Bedeutung wie ihre Konkurrenten Stern und Spiegel, der Großteil der Artikel beschränkte sich auf Themen der Mode oder des Gesellschaftsjournalismus – doch man druckte namhafte Autoren und die Auflage des Blattes lag bereits 1946 bei 250.000 Exemplaren (mit steigender Tendenz; 1962 erreichte sie erstmals die Millionengrenze).

Eine weitere, wenn auch nur vorübergehende, Einkommensquelle für Winterhager war die Arbeit als Lehrer an einer Kölner Handelsschule – ebenfalls vermittelt über die Werkschulen. Einer Gruppe von 30 bis 40 Handelsschülern sollte er Kunstunterricht erteilen. Die meisten entwickelten jedoch kein Interesse für das Fach. Als Kunstpädagoge aufzutreten und rebellischen Jugendlichen Benehmen beizubringen – dafür konnte sich Winterhager nicht erwärmen. Nach einem Jahr gab er die ebenso anstrengende wie fruchtlose Stelle wieder auf.

Meisterschüler 21

Die Kölner Werkschulen waren in „Klassen“ organisiert, in der grafischen Fachrichtung gab es eine Klasse für Gebrauchsgrafik und eine für freie Grafik. Wer von den Studenten in welche Klasse kam, wurde nach einer Einstiegsphase festgelegt. Zuerst fertigten die Professoren, welche die Klasse leiteten, eine Liste mit ihren Wunschkandidaten an, dann wurde im Professorengremium entschieden. Wer einmal einer Klasse zugeteilt war, blieb dort in der Regel während des gesamten Studiums. Klaus Winterhager sollte in Hußmanns Klasse für Gebrauchsgrafik gehen. Doch er weigerte sich. Wolff, der selbst ein Schüler Hußmanns gewesen war, zeigte sich empört: „Wenn Sie das nicht wollen, dann beschweren Sie sich eben beim Direktor.“ Rechnete er mit seinen Chancen, wog er das Gewicht seiner bisherigen Erfolge, oder handelte er impulsiv? Jedenfalls wiederholte Winterhager seine Weigerung umgehend beim Direktor der Schulen, dem Kunsthistoriker August Hoff. „Wohin möchten Sie denn?“ „Zur freien Grafik.“ „Na, dann gehen Sie eben da hin.“ Professor Heinrich Hußmann wurde nicht informiert. Als der Unterricht begann, wartete er auf seinen Wunschkandidaten. Er wusste doch, dass Winterhager ihm zugewiesen war. Nach einer Weile fragte er in die Runde, wo denn der Winterhager bliebe. „Der wird nicht kommen. Er geht in die Klasse Alfred Will.“ Von diesem Moment an vermied es Hußmann, den Abtrünnigen zu grüßen. Worin lagen die Gründe für Winterhagers Entscheidung? Sicherlich keine Abneigung gegen die angewandte Grafik, der er schließlich den Großteil seines Berufslebens widmen sollte. Er suchte, erzählte er, die

Freiheit in der Ausführung. Damit war er – wenn ich ihn richtig verstehe – dem Leitgedanken des Werkbundes näher als es die Studienorganisation hergab. Hinzu kam eine gewisse Abneigung gegen die pedantisch-strenge Vorgehensweise und vielleicht auch die Person Professor Hußmanns, der sich vor allem mit der Buchgestaltung befasste. Sein Programm war ihm zu altbacken, verlor sich im Dekorativen. In der Entscheidung für die „freie“ Klasse verstärkte Winterhager einen Konflikt, den er über lange Zeit mit sich selbst austrug: Ob er sich nicht ganz der freien Kunst, der Malerei zuwenden sollte? Sein Interesse an der modernen zeitgenössischen Malerei und der Kunst im weitesten Sinne stand dem für die angewandte Grafik und Gestaltung in nichts nach.

Eine weitere Stufe der Freiheit, sich den verschiedenen Arbeitstechniken und Strömungen auszusetzen und von ihnen anregen zu lassen, erreichte Winterhager, als er 1955 von den Werkschulen zum Meisterschüler ernannt wurde. Dieser Titel war für besonders begabte Studenten vorgesehen, zwei oder drei im Jahr, und mit einigen Privilegien versehen. Theoretisch stand sogar jedem Meisterschüler ein eigenes Atelier in den Räumlichkeiten der Werkschulen zu – nur dass es keine freien Ateliers dafür gab (noch immer herrschte die Enge der Nachkriegszeit. Nicht allein die Künstler suchten Räume im zerstörten Köln). So zählte, neben der Auszeichnung an sich, vor allem die Tatsache, dass ein Meisterschüler nicht mehr allein einer Klasse zugeordnet war, sondern als Schüler der ganzen Schule galt. Winterhager konnte also, nach seinen eigenen Plänen und ganz wie er wollte, auch alle anderen Klassen besuchen, bei den Bildhauern oder Architekten, und sich bei allen Dozenten vorstellen. Ab und zu machte er von diesem Recht Gebrauch. Er fand auch in den anderen Klassen mehr Ratsuchende als Ratgeber.

„Während dieser Zeit“, schreibt Gabriele Tolmein, eine langjährige Freundin Winterhagers und Redakteurin der

Zeitschrift Häuser, in einem Porträt für ihre Zeitschrift, „überkamen ihn durchaus Zweifel am eigenen Talent."[12] Zweifel, die vielleicht gerade seiner hervorgehobenen Stellung entstammten, dem Wohlwollen Professor Wolffs oder seinen erweiterten Möglichkeiten als Meisterschüler. Legte das nicht nahe, anderswo nach Vergleichsgrößen zu suchen? Gabriele Tolmein nennt zwei davon:

Adriano Olivetti, jener Mailänder Industrielle, der nicht nur mit der Qualität seiner Produkte auffiel, sondern mit Läden von traumhafter Sparsamkeit und hervorragendem Design, gehörte neben dem französischen Architekten Le Corbusier zu seinen wichtigsten Vorbildern.[13]

Hier geht es also um mehr als um Grafik im Sinne zeichnerischer Perfektion oder einer soliden kunsthandwerklichen Ausbildung, die ihre Wurzeln im frühen Buchdruck findet. Kein Wunder, dass Winterhager nicht in Hußmanns Klasse wollte. Olivetti und Le Corbusier stehen für eine gedankliche Neuorientierung. Welche Art von Gestaltung wird der Zukunft angemessen sein? Welche ästhetischen Begründungen erweisen sich als tragfähig, wenn der unkritische Rückgriff auf die Tradition (oder auf ein irgendwie als „natürlich" apostrophiertes Schönheitsempfinden) als überwunden gelten muss?

Die Notwendigkeit einer Neuorientierung war für Winterhager spürbar. Doch die Werkschullehrer boten dabei keine Hilfe. 2005 führte Karlheinz Krug, ehemals Chefredakteur der Zeitschrift *form*, ein Interview mit Winterhager.[14] In seiner Studentenzeit habe er sich intellektuell alleine gefühlt, antwortete er dort. Und er nannte weitere Vorbilder, vor allem das Bauhaus: „Das Bauhaus trug für mich geradezu einen Heiligenschein. Das lag auch daran, dass ich die Grundschulzeit zum Teil in Dessau verbracht hatte." Was Winterhager imponierte, waren Generalisten wie Henry van de Velde, die ebenso als Architekten wie als Gestalter von

Möbeln oder Drucksachen wirkten. Auch Peter Behrens führte er an, dessen Name eng mit der Geschichte der AEG unter Emil Rathenau verbunden ist. Behrens entwarf Industriegebäude, alle Arten von Alltagsgegenständen, sogar Schriften. „Man darf nicht vergessen: Dieser große Bau, der heute unter Denkmalschutz steht, die Turbinenfabrik in Moabit, [ist ebenso von Behrens gestaltet wie] [...] das Signet des Insel-Verlags [...], das immer noch Geltung hat. Dieses kleine, pfenniggroße Stück."

„Der Generalist hat mich interessiert und ist bis heute mein Maßstab geblieben", sagte Winterhager 2005.

Was ihm in Köln fehlte, war eine eindeutige Haltung, die den angeblichen Gegensatz von freier und angewandter Grafik, freier und angewandter Kunst hinter sich ließ. Nach einer solchen Haltung suchte er. Das genannte Begriffspaar war für ihn problematisch, weil es den Eindruck vermittelte, als sei ‚angewandte' Grafik, ‚angewandte Kunst' im Ganzen nicht frei. Doch er kannte „so viele [angewandte, S.K.] Künstler [...], die deshalb so stark sind, weil sie sich Freiheit nehmen, obwohl sie einen Auftrag erfüllen. Und es gibt freie Künstler, die [...] keine Freiheit haben, obwohl sie ‚frei' heißen." Was sie unterschied, war nach Winterhager nicht die Freiheit, sondern ob es einen Auftrag gab, dem der Gestalter gerecht werden musste. Die Erfahrungen im späteren Berufsleben und als Hochschullehrer bestätigten ihn in dieser Sichtweise. Freiheit war für Winterhager die Bedingung seiner Arbeit, Haltung der Weg, sich diese Freiheit zu erkämpfen.

Prüfungen gab es in den Kölner Werkschulen nicht, nicht einmal eine Abschlussprüfung. Stattdessen fanden regelmäßig Ausstellungen statt, an denen die Studenten teilnehmen mussten. Das Kollegium beurteilte die Werke. Außerdem wurden ausführliche Zeugnisse geschrieben, in denen die Erfahrungen und Fertigkeiten der Grafiker zur Sprache kamen.

Zu Beginn des Studiums war Winterhager noch jeden Tag zu den Ateliers und Sälen am Ubierring gefahren. Nach einigen Semestern reduzierte er sein Pensum in dem Maße, wie er mit Kundenaufträgen beschäftigt war. „Und eines Tages kam ich gar nicht mehr. Ich könnte kein Datum nennen – das ging ganz allmählich."

Klaus Winterhager lebte in dieser ersten Kölner Zeit, so scheint es, bevor die Zwänge der Ökonomie sich allmählich bemerkbar machten, ganz seiner Berufung, in einer Atmosphäre von Sachorientierung und Freiheit, die das Gegenteil dessen darstellte, was er als Heranwachsender in der HJ und den Arbeitseinsätzen am Westwall erlebt hatte. Die Dankbarkeit, die er dafür sicherlich empfand, konnte sich – um sich nicht selbst zu widersprechen – nicht erneut an eine Autorität richten. Statt dessen richtete sie sich, so spekuliere ich, an die Grundsätze, die der künstlerischen Freiheit zugrunde liegen.

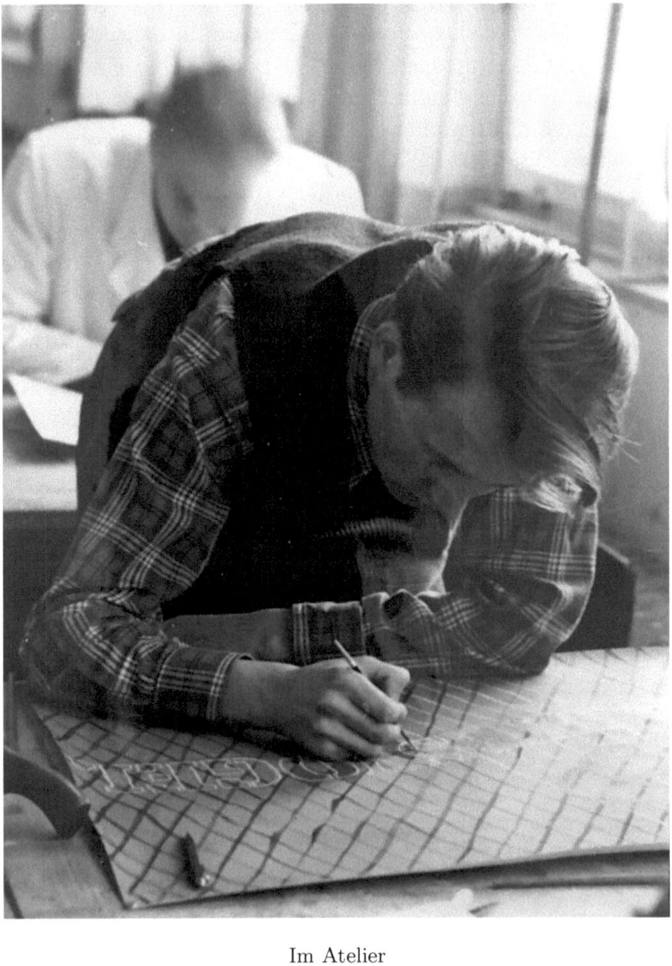

Im Atelier

Jürgen Ringel, Karl Adolf Tillmans und Klaus Winterhager waren ein „Freundestrio“: Sie absolvierten gemeinsam das Abitur in Remscheid und verloren sich seither nicht mehr aus den Augen. Während Winterhager mit dem Architekten Jürgen Ringel gelegentlich auch beruflich zu tun hatte, war „Carlos“ Tillmans sein einziger Freund, der nicht selbst in der Welt der Künstler und Kreativen zu Hause war. Zwar fotografierte er leidenschaftlich gerne, tagsüber arbeitete Tillmans jedoch in seiner eigenen Exportfirma – und war für die Remscheider Werkzeugindustrie in der Welt unterwegs. (Einer seiner Söhne, Wolfgang Tillmans, wurde zu einem renommierten Fotokünstler.)

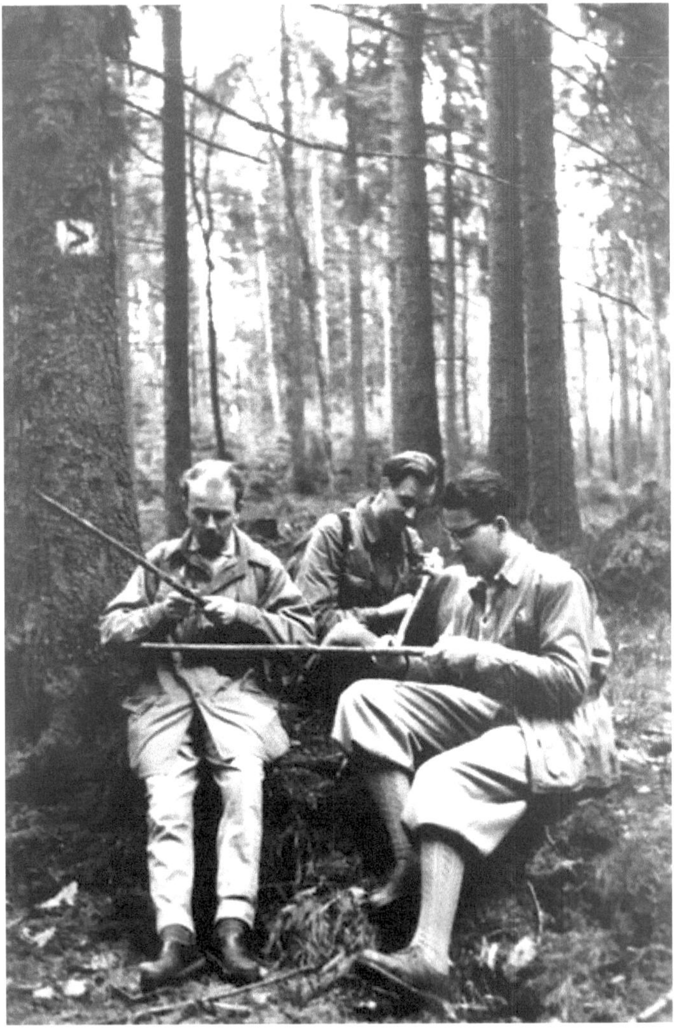

Klaus Winterhager, Jürgen Ringel und Karl Adolf Tillmans beim Schnitzen

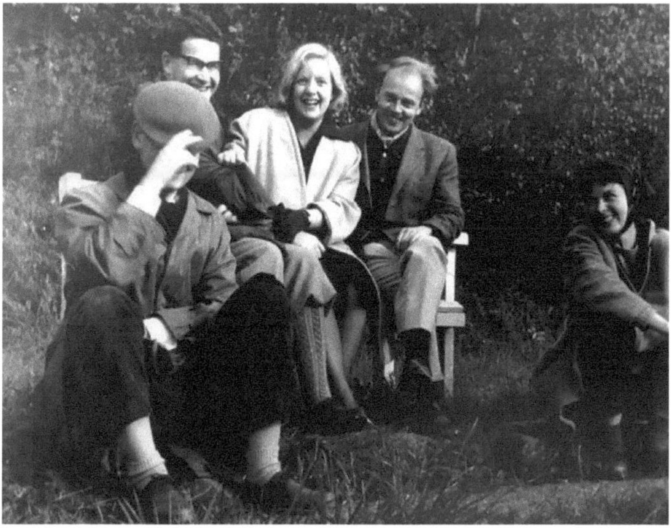

Im Freundeskreis, mit Ringel und Tillmans, neben Luise Klesser

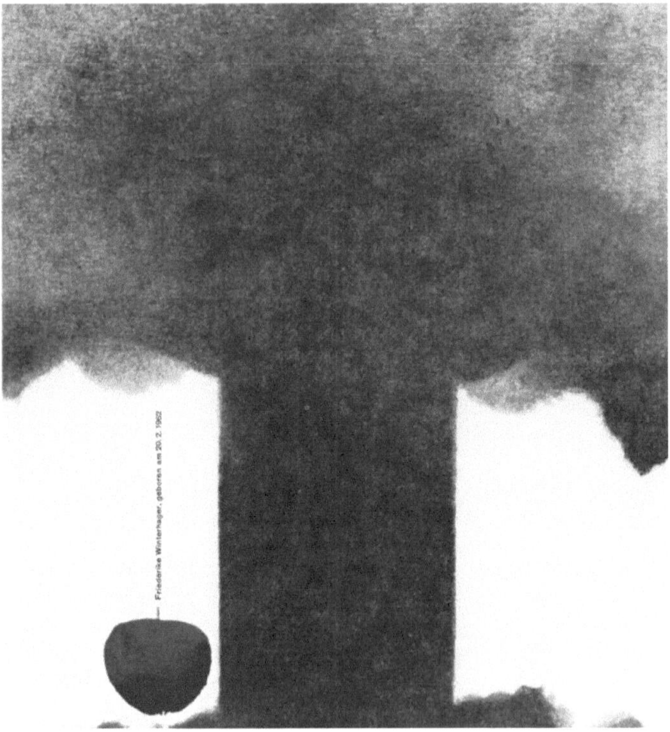

Geburtsanzeige für Friederike. Der Apfel ist im Original rot.

Gute Aussichten 22

Luise Klesser, 1934 in Reetz (Recz, Pommern) geboren, war in den letzten Kriegstagen gemeinsam mit ihrer Mutter und ihren Geschwistern nach Aerzen bei Minden geflohen und schließlich nach Bonn gekommen, wo ihr Vater, ein ausgebildeter Jurist, als Ministerialdirigent im neu gegründeten Bundesverteidigungsministerium arbeitete. An den Kölner Werkschulen schrieb sie sich im Fach Textiles Gestalten ein und lernte im Wintersemester 1956/57 Klaus Winterhager kennen. Anderthalb Jahre später, im Sommer 1958, heiratete das junge Paar in Königswinter und zog zunächst ins beschauliche Immekeppel zwischen Bensberg und Overath. Zwei Jahre später verließen sie das Kölner Umland, angezogen von einem ungewöhnlichen und bis heute bekannten Gebäude in Köln-Mülheim. Das Hochhaus, in dem Klaus und Luise Winterhager zu Beginn der Sechzigerjahre wohnten, war erst 1960 fertiggestellt worden und das dritte Kölner Gebäude, das sich zu recht Hochhaus nennen konnte.[15] Nach dem nicht selten wahllosen Wiederaufbau der Stadt, in der möglichst rasch Wohnraum geschaffen werden sollte, hatte sich das Bautempo verlangsamt. 1959 wohnten in Köln wieder so viele Menschen wie vor dem Krieg, etwa 770.000. Nun entstanden vor allem Siedlungen am Stadtrand, wie sie das Wohnen in der Bundesrepublik prägen sollten. Wenn in der City mehr als nur Lücken gefüllt wurden, handelte es sich vor allem um Bürohäuser. Das Bull-Haus in Mülheim war eine Ausnahme. Seinen Namen hatte es von der französischen Firma Bull, die ihr Geld mit Lochkartenmaschinen verdiente und als Bauherr auf den Plan trat. Doch nur in den ersten beiden Geschossen, die eine Art Sockel bildeten, eröffnete die Firma ihre deutsche Niederlassung, die restlichen 16 Stockwerke wurden vermietet. Bislang hatte Klaus Winterhager recht bescheiden gelebt: Die längste Zeit während seines Studiums war er täglich mit der Bahn von Remscheid nach Köln gefahren. Nach einigen Semestern bekam er ein kleines Atelier, eine umgebaute Garage im feinen Stadtteil Marienburg, in dem er zugleich schlafen konnte. Später mietete er für eine Weile ein Zimmer im Arbeiterviertel Ehrenfeld, um anschließend wieder in Remscheid zu wohnen. Auch die erste Wohnung der Eheleute in Immekeppel, hinter der östlichen Stadtgrenze, wird eher bescheidenen Charakter getragen haben, denn „das Geld war knapp", wie Winterhager betonte. Nach einer festen Anstellung in einer Werbeagentur oder einem Verlag strebte er nicht. Erst als ihn die Bayer AG in Leverkusen mit der Gestaltung von Werbeanzeigen für Bayer-Kunststoffe beauftragt, besserte sich seine Einkommenssituation. Das Geld floss nun regelmäßig, denn der Chemieriese schaltete ständig neue Anzeigen: Die wirtschaftlichen Aussichten besserten sich.

Dass in Mülheim ein Wohnhochhaus gebaut wurde, das entging wohl keinem, der mit offenen Augen durch die Welt ging – wer mit dem Auto von Bensberg kam, und rechts in Richtung Mülheim Ausschau hielt, konnte die Baustelle sehen. Und wer dann noch Le Corbusier zu seinen künstlerischen Vorbildern zählte, wird leicht auf den Gedanken gekommen sein, sich um eine Wohnung im neuen Bull-Haus zu bemühen. Klaus und Luise Winterhager dachten nicht nur darüber nach, sie mieteten sich tatsächlich ein, und zwar in den 14. Stock. „Was, ihr wohnt im Bull-Haus, dürfen wir mal kommen?", hieß es nun häufig. Es war eine kleine Sensation, in einem Hochhaus zu wohnen. Was für eine Aussicht! In den ersten Tagen und Wochen konnten sich die Winterhagers gar nicht daran sattsehen – und auch die zahlreichen Besucher waren zufrieden, Winterhagers gesamter Bekanntenkreis und darüber hinaus: Man sah zum Rhein, im Vordergrund der Mülheimer Hafen, dann Deutz. In Richtung Danzierstraße war auch der Dom zu sehen.

Auch ein Teil der Kölner Prominenz hatte sich die exklusive Adresse am Wiener Platz gesichert, etwa der Musiker Paul Kuhn, der mit seinen Schlagern populär geworden war, und den die Winterhagers durch Zufall kennenlernten. In den 16 Etagen befanden sich zwar beinahe hundert Wohnungen, doch in der Vorhalle gab es eine Wählscheibe an der Wand, mit der man die passende Nummer wählen konnte. Dann ließ sich von oben das Türschloss betätigen, um den Besucher einzulassen. Die Nummer der Winterhagerschen Wohnung lautete 84, Paul Kuhn hatte die 48 – und weil sich besonders die Kinder oft verwählten, die den Namen des Schlagerstars auf den Schildern lasen, klingelte es nicht selten bei Klaus Winterhager und in der Sprechanlage war eine Kinderstimme zu hören: „Kann ich ein Autogramm haben?“ Kuhn selbst schickte die Kinder meistens weg. Als sich die beiden Mieter über die Dauerverwechslung unterhielten, war ihm gar nicht zum Lachen zumute: „Ständig kommt jemand gelaufen! Ich hätte woanders hinziehen sollen!“

Winterhagers wären vielleicht noch länger im Bull-Haus geblieben, wenn sich die Brotarbeit für Bayer weniger spannungsreich entwickelt hätte. Doch der Werbechef der Firma benahm sich „arrogant und flegelhaft“, erzählte Winterhager. Diesen respektlosen Umgang wollte er sich nicht gefallen lassen und gab den Auftrag zurück, auch einige Angestellte nahmen den Hut, „eine richtige Revolution haben wir da gemacht.“ Von Remscheider Werkzeugfirmen kamen unregelmäßig Aufträge. Jetzt arbeiteten Klaus und Luise Winterhager auch zusammen: Sie zeichneten Entwürfe für neue Stoffe und fuhren über Land – nach Krefeld, die ihrer Textilindustrie wegen den Titel „Samt- und Seidenstadt“ trug, aber auch nach Süddeutschland, Holland und sogar in die Schweiz. Wenn den Stoffherstellern die Entwürfe gefielen, erhielt das Paar einen Folgeauftrag: Zu jedem Entwurf sollte eine Reihe von Farbvarianten – sogenannte Farbstellungen – erarbeitet werden. Auf diese Weise, so Winterhager, habe er viel über Farben gelernt. In der Werbung kamen in der Regel nur wenige Farben zum Einsatz, die der jeweiligen Marke zugeordnet waren, festgelegte Sonderfarben, wie sie auch heute noch gang und gäbe sind – Magenta für die Telekom etwa, Postgelb und Orange für eine bestimmte Baumarktkette – auf das Farbempfinden kommt es für den Werbegrafiker weniger an. Die Miete war mit diesen Aufträgen jedoch immer schwerer zu erwirtschaften. Noch knapper wurde das Geld, als am 20. Februar 1962 Friederike Winterhager in Köln-Lindenthal auf die Welt kam und Luise sich zunächst der Babypflege widmete. Vielleicht hätten die Eheleute dennoch an der Wohnung festgehalten, wenn sich nicht allmählich auch ihre Nachteile gezeigt hätten: „Wenn man so hoch wohnt", erzählte Winterhager, „hat man keine Jahreszeiten mehr, keinen Frühling, keinen Sommer, keinen Herbst und keinen Winter." Die Bäume und Blumen waren zu weit unten, so dass weder Frühlingsgerüche noch der charakteristische Duft vom nassen Laub im Herbst ans Fenster reichten. Auch die Vögel flogen nicht hoch genug. Dafür war es immer windig. Was nach oben drang, war der Lärm der Autos am Wiener Platz und auf den umliegenden Straßen. Der kroch an den Balkonen in die Höhe, so dass es im 14. Stock erstaunlich laut wurde: Nachteile, welche die Anwesenheit eines kleinen Kindes womöglich bewusster werden ließen, während Vorteile, wie die zentrale Lage und die Modernität als solche, in den Hintergrund rückten. Anfang 1963 zog die Familie schließlich nach Refrath und atmete auf. „Im Hochhaus wohnen", sagte Klaus Winterhager damals, „das kommt für mich nie wieder in Frage!"

Ins Grüne 23

Ein größerer Kontrast zum Bull-Haus lässt sich kaum denken: An der Fassade des schmalen freistehenden Refrather Gebäudes in der Jägerstraße 8 prangte ein Fachwerk, das nicht dem typischen schlicht-schwarzen Stil des Bergischen Landes entsprach. Die Schnitzereien, die es zierten, stammten aus keiner geringeren Quelle als dem ehrwürdigen Kölner Rathaus – so erzählte es der Eigentümer und Vermieter der Winterhagers, ein Bauunternehmer, dessen Beziehungen zur Stadt Köln gut genug waren, um Teile der alten Innenausstattung zu erwerben.[16] In dieses reich geschmückte Haus zogen Winterhagers ein. Es stand in Refrath, zwischen Bergisch Gladbach und Bensberg, ganz in der Nähe ihrer ersten gemeinsamen Wohnung in Immekeppel. Der Garten dort war groß, eher ein Park, mit Rasenflächen, Steinsarkophagen aus der Karolingerzeit, bei und in denen die kleine Friederike gerne gespielt habe (so erzählte es später ihre Mutter Luise), und zahlreichen anderen steinernen Fundstücken des Bauunternehmers. Außerdem hatte der Besitzer ein Schwimmbad mauern und kacheln lassen. Wenngleich das Haus klein und eher eng war, besaß es also Stil und war in seiner Weise ebenso einzigartig wie das Bull-Haus. Die Miete, so erinnert sich Winterhager, betrug 300 D-Mark: „nicht teuer."[17]

Doch bald trennte sich Luise von ihrem Mann und zog mit der gemeinsamen Tochter fort – nach Paris, Stadt der Mode. Klaus Winterhager blieb hinter der extravaganten Fassade des Refrather Hauses alleine zurück. Das war im Jahr 1964. Der große Garten wird einen verlassenen Eindruck gemacht haben, ohne das Kind zwischen den Steinen und Figuren. Er blieb noch etwa ein Jahr und hätte vermutlich noch eine ganze Weile in Refrath gewohnt, wenn ihn nicht ein völlig anderes und gänzlich unerwartetes Ereignis von dort vertrieben hätte.

Einbrecher 24

Im Winter war er eines Abends in Düsseldorf zu Besuch, übernachtete dort auch und kam erst am nächsten Tag nach Hause zurück. Nachts war frischer Schnee gefallen. Und im Schnee waren Spuren zu sehen. Jemand war in die Wohnung eingestiegen, und hatte mehr mitgenommen, als ein einzelner Mann tragen konnte. Kostbare Dinge: eine Pelzmütze, eine Jacke, die Reisetasche, das Radio, den Plattenspieler, ein Fernglas, eine Schreibmaschine und noch mehr, auch das Fahrrad, das ihm sein Schwiegervater geschenkt hatte – Dinge, die Klaus Winterhager lieb und wert gewesen waren. Der lief entsetzt durchs Haus, stand vor den leer geräumten Regalen und sah, was alles fehlte. Die Schubladen waren aufgerissen, Papiere lagen verstreut auf der Erde. Auch die Schranktüren im Schlafzimmer standen offen, die Kleider durchwühlt. Als Winterhager die Polizei verständigte, fiel ihm ein, was etwa vier Wochen zuvor geschehen war: Ein Paar hatte an die Tür geklopft, und gefragt, ob es sich die Kunstwerke im Garten wohl aus der Nähe anschauen dürfte. Die Frau war es, die sprach, der junge Mann wirkte sehr schüchtern, doch vielleicht war das Schauspielerei gewesen? Er sei nur Mieter, hatte er damals geantwortet, und habe nicht das Recht, sie aufs Grundstück zu lassen. Nach dem Einbruch fühlte er sich in Refrath nicht mehr wohl. Dass ein Fremder die Wohnung von unten nach oben gekehrt und alles befingert hatte, entfremdete ihn den eigenen vier Wänden. Plötzlich schienen sie nicht mehr zu ihm zu gehören. Relativ bald nach dem Vorfall mietete er darum eine Wohnung in Köln-Weidenpesch, nördlich der Innenstadt, in der obersten Etage eines größeren Wohnhauses. Vom Erdgeschoss und einem direkten Zugang zum Garten hatte er vorerst genug.

Einige Wochen später erreichte Klaus Winterhager ein Anruf der Polizei: „In Ihre Refrather Wohnung wurde am Soundsovielten eingebrochen. Wir haben den mutmaßlichen Täter festgenommen und einige Dinge sichergestellt, die auf Ihre Beschreibungen passen." Er fuhr zur Polizeiwache, und erfuhr, dass der Täter eine Woche nach dem Einbruch in seine Wohnung erneut einen Einbruchsversuch in Refrath unternommen habe, dabei jedoch – weil die Bewohner ihn bemerkt hatten – von der Polizei gefasst worden sei. Bei diesem Mann hatte man Diebesgut gefunden, leider längst nicht alles, was Winterhager vermisste. Immerhin tauchte der Trauring wieder auf und ein Messer, dessen Griff er selbst mit Schnitzereien verziert und gebeizt hatte. Nachdem er es dem Beamten beschrieben hatte, holte dieser es aus einem Schrank hervor. Mitnehmen durfte er es erst später, nachdem die Gerichtsverhandlung nämlich abgeschlossen und das Urteil verkündet war. In dieser Gerichtsverhandlung war Winterhager als Zeuge geladen. Und tatsächlich erkannte er in dem Angeklagten den jungen, vermeintlich schüchternen Mann wieder, der sich die Skulpturen im Garten hatte ansehen wollen. Der Angeklagte, ein ehemaliger Fremdenlegionär, stritt alles ab, doch die Beweislast reichte für eine Verurteilung aus. Der Verbleib der restlichen Dinge blieb ungeklärt.

Mörder 25

Einige Zeit später bekam Klaus Winterhager die Anfrage eines Anwalts, des Syndikus des Bundes Deutscher Grafik-Designer, der wiederum von der Justizvollzugsanstalt in Lüttringhausen (einem Remscheider Stadtteil) kontaktiert worden war: Es gebe dort einen Gefangenen, der wegen Totschlags zu fünfzehn Jahren verurteilt worden sei und der sich auf ein Grafikerstudium vorbereiten möchte. Ob Winterhager bereit sei, ihm Unterricht zu erteilen? „Wie kommen Sie gerade auf mich?“ „Ihnen traue ich das nötige Fingerspitzengefühl zu.“

Er willigte ein, wenngleich er – wie die meisten „unbescholtenen Bürger“ – keinerlei Erfahrungen mit dem Strafvollzug besaß. Auch von einer Bezahlung war nicht die Rede. Hatte ihn der Refrather Einbruch nicht abgeschreckt – oder war es umgekehrt sein Erlebnis als Opfer einer Straftat, das ihn auf das Dasein der Täter neugierig machte? „Ich dachte mir: Das ist eine Gelegenheit zu probieren, ob ich das kann“, erzählte Winterhager, womit er den Umgang mit straffällig gewordenen Menschen meinte, die per Gerichtsbeschluss vom Rest der Gesellschaft getrennt und von dieser Gesellschaft meistens auch später noch gemieden werden. Er wollte Berührungsängste abbauen, die er vielleicht auch als Zeuge im Einbruchsprozess gespürt hatte. „Ich habe das als eine Prüfung empfunden für mich selbst und bin heilfroh, dass ich mich darauf eingelassen habe.“ Warum? Weil der Kontakt zu schwierigen Menschen auch den Blick auf andere Beziehungen und Verhältnisse verändert? Möglicherweise. Vielleicht ist Winterhagers ehrenamtliches Engagement auch im

Kontext des politischen Klimas zu verstehen, das in den frühen Siebzigerjahren in Deutschland herrschte. 1969 war Willi Brandt zum Bundeskanzler gewählt worden, man wollte „mehr Demokratie wagen“ und stellte autoritäre Strukturen in Frage, zu denen das Strafsystem zweifellos zählt.

Der Gefangene, der in Lüttringhausen auf seine erste Zeichenstunde wartete, trug den Namen Günther Freiheit (den sich auch kein Romanautor besser hätte ausdenken können), und war ein verurteilter Mörder. Als Winterhager sich zum ersten Mal an der Gefängnispforte meldete und zu seinem künftigen Schüler führen ließ, agierten beide unsicher. Von zwei Wärtern beaufsichtigt saßen sie sich gegenüber. Freiheit still und verhalten, sein Lehrer verwies entschuldigend auf mangelnde Erfahrung und darauf, dass er womöglich taktlos erscheinen könne – seine Worte könnten in dieser fremden Welt eine ihm fremde Bedeutung annehmen. „Sie erwarten von mir, dass ich Ihnen etwas beibringe, und das tue ich auch. Im psychologischen Bereich bin ich jedoch unwissend.“ An diese Worte erinnerte sich Winterhager.

Günther Freiheit brachte die notwendigen Voraussetzungen mit: Er war begabt und arbeitete fleißig, genau und diszipliniert. Wenn es seine Zeit erlaubte, kam der Lehrer wöchentlich. Nach vielen Lektionen, die das Vertrauen zwischen ihm und seinem Schüler wachsen ließ, beantragte Freiheit Freigang und Winterhager unterstützte ihn darin, so dass er schließlich die Erlaubnis erhielt, an den Kölner Werkschulen zu studieren. Tagsüber durfte der Häftling nach Köln fahren, abends musste er rechtzeitig zurück sein und sich wieder einschließen lassen. Die Privatstunden im Gefängnis behielten sie noch eine Weile bei.

Als Freiheit aus der Haft entlassen wurde, wanderte er nach Kreta aus, wo er sich mit Fresken- und Wandmalerei beschäftigte. In Griechenland, Italien und Österreich malte er zahlreiche Kirchen aus, und ließ sich auf dem Berg Athos von orthodoxen Mönchen in der Ikonenmalerei ausbilden – so lese ich auf einer kurzen Vorstellungsseite des Künstlers im Internet.[18]

Freiheit war nur der erste Schüler in Winterhagers zehnjährigem Engagement für die Ausbildung von Grafikern und Malern hinter Gefängnismauern. Er empfahl seinen Lehrer weiter, und weil ein Mörder häufig an den nächsten Mörder empfiehlt, waren es vor allem solche, mit denen Winterhager in der Folge zu tun hatte: „Meine Schülergruppe war eine Mordsgesellschaft".

Es gab Gruppenräume, in denen Winterhager mehrere Häftlinge zugleich unterrichten konnte, doch meistens fand der Unterricht in der Einzelzelle des Schülers statt, in die sich Winterhager für eine Stunde mit einschließen lassen musste. Einmal vergaß man, ihn nach der verabredeten Zeit wieder zu befreien. Sein Schüler begann zu poltern, und die anderen Häftlinge klopften mit, sie machten „Bambule" – so heißt oder hieß es im Gefängnisjargon –, bis die Wärter ihren Fehler bemerkten. Ein anderes Mal, als Winterhager abends zum Unterricht kam, erhielt er die Auskunft, sein Zeichenschüler sei noch beim Sport. Er musste warten. Im modischen blauen Mao-Anzug, der sich von der Gefangenenkluft nicht sehr unterschied, stand er auf dem Flur. Die beiden Koffer hatte er neben sich abgestellt. Eine Gruppe Häftlinge schlenderte vorbei, sie sahen ihn an, und als sie eigentlich schon ein Stück weiter waren, löste sich einer aus der Gruppe, drehte sich um und baute sich vor dem Künstler auf: „Na, wie lange hast du denn?" „Zwei Stunden", erwiderte Winterhager. Da lachte der Mann und ging weiter. Der Vorfall wäre vielleicht nicht erinnernswert gewesen, wenn der gleiche Mann nicht ein paar Tage später erneut zu ihm gekommen wäre. Winterhager stand an der gleichen Stelle und wartete, als der Häftling ihn erneut ansprach, und sich formvollendet entschuldigte für den Irrtum, der ihm unterlaufen sei. Er hatte sich zwischenzeitlich erkundigt und war von dem Grafikschüler aufgeklärt worden.

Im Gegensatz zu dem oft überraschend verständigen Auftreten der Häftlinge waren die meisten ihrer Aufseher von eher einfältigem Schlag. Die „unterste Gattung der Beamtenschaft“ – Winterhager waren sie selten sympathisch. Ein neuer Vollzugsbeamter, den er nicht kannte, wollte ihn etwa zwingen, seine Koffer zu öffnen. Darin befanden sich Zeichenmaterialien, aber auch Konserven und Tabak, die er den Häftlingen mitbrachte. „Machen Sie mal die Koffer auf“, sagte der Neue im Befehlston. „Nein, das tue ich nicht“, erwiderte der Besucher. „Ich komme jetzt schon seit Jahren hierher, noch nie hat jemand verlangt, dass ich meine Koffer öffnen soll.“ „Machen Sie die Koffer auf!“ „Wenn Sie darauf bestehen, muss ich mit dem Direktor sprechen.“ Da machte der Wärter sofort einen Rückzieher, vorm Direktor hatte er Angst. Diese Art von Verhalten stieß Winterhager ab. Zwar war die Forderung danach, den Koffer zu öffnen, unsinnig gewesen, aber dass sich der Mann durch seine bloße Standhaftigkeit hatte einschüchtern lassen, gefiel ihm noch weniger.

In gut zehn Jahren ehrenamtlicher Tätigkeit in der Häftlingsausbildung – in Lüttringhausen und anderen Gefängnissen in Köln und Schwerte – erlebte Winterhager, wie sich Menschen unter Zwang und totaler Abhängigkeit verhalten: Frei-Zeit im eigentlichen Sinn unverplanter Zeit, über die man selbst frei verfügen kann, gibt es im Gefängnis nicht. Alles wird vorgeschrieben, auch wer wann ins Freie oder Sport betreiben darf. Das Essen bekommen die Häftlinge vorgesetzt, und vor allem können sie sich nicht aussuchen, mit wem sie ihre Zeit gemeinsam verbringen. Die Spannungen, die dadurch entstanden, waren auch für den Besucher deutlich spürbar. Auch das bereits angedeutete Verhältnis zwischen den geistig oft überlegenen Häftlingen und den auf ihre

Weise abhängigen Vollzugsbeamten gab Winterhager zu denken. Manchmal konnte er sich freuen über eine kleine Freiheit, die er den Menschen ermöglichte, einen Ausstellungsbesuch in Privatautos etwa, bei der die Aufseher mitfahren mussten. In späteren Jahren, nachdem er an die Gesamthochschule Wuppertal berufen worden war und zunehmend gute Kontakte zu politischen Entscheidungsträgern unterhielt, wurde es für ihn einfacher, Genehmigungen für solche Exkursionen zu erwirken.

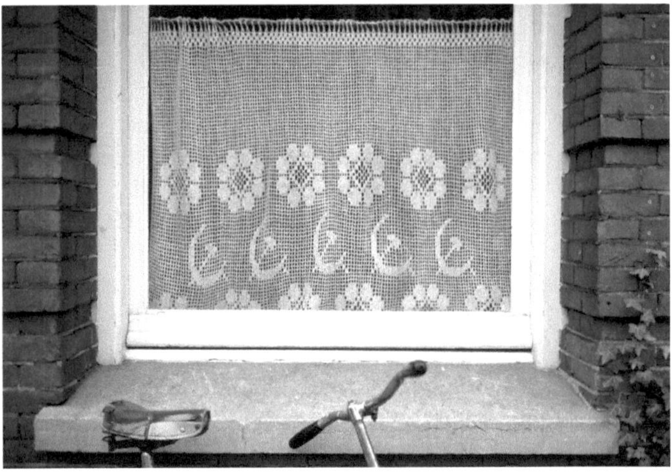

Hammer-und-Sichel-Gardine

Killer-Klischee 26

Von einem zweiten, beinahe schon prominent zu nennenden Häftling und Schüler berichtete Winterhager: Felix Kamphausen. Sein Fall war tatsächlich schnell „gegoogelt“, und sogar im Onlinelexikon Wikipedia findet sich ein Eintrag zu ihm:

> Felix Kamphausen (* 14. April 1944 in Krefeld) [...] wuchs nach der Scheidung seiner Eltern zeitweise bei seiner Großmutter und später in einem Heim auf. Seine Jugend war von 1959 bis 1964 von häufigen Gesetzesverstößen und Jugendstrafen geprägt. 1970 wurde er verhaftet, nachdem er im Auftrag der Ehefrau und ihres Liebhabers angeblich versucht hatte, den Millionär Theo Schubert zu ermorden. Das Gerichtsverfahren gegen Kamphausen erregte unter dem Namen „Minouche-Prozess“ Aufsehen in der Regenbogenpresse und endete 1973 mit der Verurteilung Kamphausens [...]

Kamphausen hatte tatsächlich auf den Millionär geschossen, einen Getränkegroßhändler, dem er vor seiner Garage auflauerte. Schubert überlebte den Bauchschuss. Als Kamphausen die vereinbarte Summe von 50.000 D-Mark von seinen Auftraggebern einforderte, weigerten sie sich deshalb. „Da hat er etwas Tolldreistes gemacht: Er hat die Leute wegen Anstiftung zum Mord angezeigt“, erzählte Klaus Winterhager. Der Richter war, was die Verteilung der Schuld anging, jedoch anderer Meinung. Den Liebhaber verurteilte er wegen dreifachen Mordversuchs zu sechs Jahren – er hatte zuvor bereits mit Strom und einem vergifteten Fisch probiert, den Ehemann zu ermorden. Kamphausen jedoch bekam lebenslänglich. Die Ehefrau erhielt zwei Jahre und zehn Monate. Ihr Name, Minouche, diente mit seinem rotlichtnahen französischen Klang als Signalwort vieler Klatschartikeln, welche die zur Verfügung stehenden Ingredienzen zu einen publikumswirksamen Brei vermengten. Es mutet kurios an, dass Minouche Schubert bereits wieder mit ihrem robusten Ehemann zusammenlebte, während der „bezahlte Killer" (wie es in der Urteilsverkündung hieß) aus dem Gefängnis heraus um seine Sicht der Dinge kämpfte. Am 10. Januar 1986 schrieb Raimund Hoghe in der *Zeit* ein Porträt des gerade begnadigten Kamphausen, der die Motive für Winterhagers Gefängnis-Engagement in deutlicherem Licht erscheinen lässt. Darin heißt es:

> Sich als Verurteilter zur Tat zu äußern, sei immer brisant, meint Felix Kamphausen, aber im Sinne der Anklage habe er sich nie schuldig gefühlt. „Ich wollte einfach bluffen und den E. ausnehmen. Ich wollte den Mann nicht treffen. Ich habe ihn getroffen und halte den Kopf dafür hin. Auch heute noch. Das habe ich angenommen. Nur, was die Gesellschaft daraus macht, das Killer-Klischee und solche Sachen, dagegen wehre ich mich." [...]
> „Parasit der menschlichen Gesellschaft", „ein Drohnendasein", „typischer Killer amerikanischer Prägung, wie wir ihn hier nicht haben wollen" – „markige Schlussworte" attestierten Zeitungen dem Düsseldorfer Landgerichtsdirektor [...], der das Urteil „Lebenslänglich" über den 28-jährigen Felix Kamphausen verhängte – verbun-

> den mit der Prognose, der Verurteilte sei nicht resozialisierbar und werde immer kriminell sein. Knapp zwei Jahre nach dem vernichtenden Richterspruch und eine Woche nach der Ablehnung einer Revision vom Bundesgerichtshof bricht der Inhaftierte Ende 1974 aus und versucht, die Öffentlichkeit noch einmal auf seinen Fall aufmerksam zu machen. Der Gesuchte wendet sich an die Presse, schildert in mehreren Telephongesprächen seine Situation und fordert eine Resozialisierungschance. Als er nach zwölf Tagen gefaßt wird, leistet er keinen Widerstand. [...]
> Dass er während der Flucht auch sonst kein Fluchtverhalten zeigt, „war mein ‚Glück'. Ich wurde dann nicht in eine Anstalt für Schwerkriminelle eingewiesen, sondern kam in den Vollzug für gering kriminell Gefährdete nach Remscheid. Da sollte ich nachholen können, was ich in der Jugend versäumt hab? – und die Realität sah so aus, daß ich Hundeleinen flechten sollte und Betttücher. Ich hab? mich geweigert, das zu machen. Wenn ich schon im Knast bin, will ich was für meinen Kopf tun." Der Widerstand hat Erfolg. Mit Hilfe seines ehemaligen Volksschullehrers holt Felix Kamphausen den Hauptschulabschluß nach, zeichnet und schreibt wieder, [...]

Wie die Boulevardpresse mit Kamphausen umging, erlebte Klaus Winterhager, als er für ihn und einige andere einen Freigang zu einer Ausstellung nach Neuss-Norf am Niederrhein organisierte. Die Bildzeitung in Düsseldorf bekam Wind davon. Am Folgetag titelte sie: „Mein Leben mit Minouche". Im zugehörigen Artikel konstruierte sie einen Besuch Kamphausens bei seiner Auftraggeberin – alles frei erfunden. Als er den Chefredakteur nicht lange danach auf einer Düsseldorfer Veranstaltung traf, brachte Winterhager seine Wut über die Lügen zum Ausdruck: „Ich bin entsetzt über ihre Schamlosigkeit", sagte er zu ihm. „Wir müssen ans Geschäft denken", war die zynische Antwort. Immerhin erhielt Winterhager für sein ehrliches Wort auch Zuspruch von Zeugen des Gesprächs.

Kamphausen schrieb in der Folge mehr als er zeichnete, veröffentlichte autobiografische Bücher aus dem Gefängnis heraus und wurde Ende 1985 vom damaligen Ministerpräsidenten von Nordrhein-Westfalen, Johannes Rau, begnadigt. Bekannte Autoren wie Heinrich Böll, Ingeborg Drewitz und Luise Rinser hatten sich für ihn eingesetzt. Wikipedia verzeichnet Kamphausen heute als „deutschen Schriftsteller", die letzte angeführte Publikation (Briefe) stammt jedoch aus dem Jahre 1991.

Drei Zeitgenossen 27

I Auf einer Bahnfahrt von Stuttgart nach Bonn begegnete Klaus Winterhager dem Bundestagsabgeordneten (noch nicht dem Minister, die folgende Szene muss sich also zwischen 1965 und 1969 abgespielt haben) Hans-Dietrich Genscher. Die Reisenden unterhielten sich – wie es in den Zeiten vor tragbaren Computern und Smartphones noch üblich war. Im Abteil war es heiß und stickig, und sobald der Zug hielt, öffnete jemand von beiden das Fenster: Gegenüber jedoch saß ein Mann, der anscheinend Probleme mit offenen Zugfenstern hatte. Jedenfalls stand er mehrfach auf, um es wieder zu schließen, ungeachtet der Hitze. Da begannen die Männer zu streiten, Genscher und Winterhager verbündeten sich, bis es ihnen gelang, das Fenster offen zu halten und sich Linderung zu verschaffen.

II Zum Jahresende rief Klaus Winterhager bei der Lufthansa an, um für Heiligabend einen Flug von Köln über Frankfurt nach Budapest zu reservieren. „Tut mir leid, der Flug vom Flughafen Köln/Bonn nach Frankfurt ist ausgebucht.“ „Ich muss den Anschluss nach Budapest bekommen.“ „Da gibt es nur eine Möglichkeit: Sie reservieren in der ersten Klasse. Der Aufpreis beträgt 40 D-Mark.“ „Das muss ich dann wohl.“ Am 24. war der Flughafen voller Menschen und die Abfertigung in der ersten Klasse recht angenehm. Neben Winterhager saß ein bekannter Mann, Egon Bahr, hinter seiner Frankfurter Rundschau. Anders als in den anderen Klassen wurde hier sofort bedient. Der Stewart betrat die Kabine und wandte sich an den besonderen Gast: „Herr Bahr, haben

Sie einen Wunsch?" „Hätten Sie einen kleinen Champagner oder einen Sekt?" Kurze Zeit später kam der Stewart mit einer Flasche Sekt. „Haben Sie keine kleinere?" „Tut mir leid." Bahr sieht sich um und erwidert: „Vielleicht kann ich sie mit dem Herrn neben mir teilen." Daraufhin wandte sich der Stewart freundlich an Winterhager, um ihm die halbe Flasche anzubieten. Er nahm an und die beiden Reisenden prosteten sich zu. Sie wechselten einige höfliche Worte, dann kehrte Bahr zu seiner Lektüre zurück. Der Flug war kurz. In Frankfurt angekommen, stieg Bahr zuerst aus. „Auf Wiedersehen, Herr Bahr. Dankeschön für ihren Besuch." Der Stewart deutete eine Verbeugung an. Winterhager stand gleich hinter ihm: „Nochmals vielen Dank für den Sekt. Ich wünsche Ihnen frohe Weihnachten." Bahr antwortete – und diese Erwiderung gab dem Mitreisenden noch zu denken, als er längst im Flugzeug nach Budapest saß –, er sagte: „Wenn es Ihnen möglich ist." Welches Geheimnis verbarg sich hinter dieser im ruhigen Ton vorgetragenen Entgegnung? Hatte sie mit Weihnachten zu tun? Mit Bahrs jüdischer Großmutter? Als später Kommentator des Satzes stellte ich ihn mir als eine Art verschlüsselter Botschaft zur verlorenen Normalität derer vor, die noch an Heiligabend weite Strecken zurücklegen, in Gesellschaft Fremder, zu einem unvertrauten Heim.

III Am 18. Januar 1973 hielt Willi Brandt im Deutschen Bundestag die Regierungserklärung nach seiner Wiederwahl als Bundeskanzler. Der Plenarsaal des Bundestages war Teil des in der Nachkriegszeit umgebauten und erweiterten Gebäudes der ehemaligen pädagogischen Akademie. Hier war bereits das Grundgesetz formuliert worden. Auf der Internetseite des Deutschen Bundestages heißt es zu seiner Geschichte:

> Die architektonischen Leitmotive des umgebauten Akademiegebäudes waren Transparenz, Helligkeit und klare Linien. Zwei komplett verglaste Wände machten den Plenarsaal für die Bürgerinnen und Bürger einsehbar. Freiheit der Gesellschaft und Transparenz des politischen Systems waren das Bekenntnis, das durch die Architektur zum Ausdruck gebracht werden sollte. [...] Verzichtet wurde bewusst auf Mittel der Repräsentation: Während einige Zeitgenossen in dieser Zurückhaltung eine neue Würde des Bauens mit den sparsamen und strengen Mitteln einer technischen Zeit sahen, beurteilten andere den Bau als Ausdruck des provisorischen Charakters, den die Bundesbauten in Bonn haben sollten. Zugleich sollte dieser bauliche Neubeginn auch Bescheidenheit und Zurückhaltung demonstrieren. Sicherlich spielten auch Kosten eine nicht unerhebliche Rolle. Schließlich sollte die Entscheidung für den Bauhausstil auch ein antinationalsozialistisches architektonisches Symbol setzen.[19]

Klaus Winterhager saß vor einer der Glaswände, auf der Empore, deren strenge Sitzreihen den Besuchern zugedacht waren. Ich stelle mir vor, dass er mit der Architektur wie mit der Atmosphäre zufrieden war, und auch mit dem Redner, der vor dem riesigen schwarzen Bundesadler sprach. Als Brandts Erklärung zu den Vorhaben der sozialliberalen Koalition und die Debatte zu Ende ging, lief Winterhager zum Ausgang, einen Gang entlang zur Treppe in Richtung Rhein. Dabei kam ihm von der anderen Seite ein Mann entgegen, den er als Willi Brandt erkannte. Auch Brandt war allein, nachdem der Plenarsaal eben noch gut mit Bundestagsmitgliedern,

Journalisten und Besuchern gefüllt gewesen war. Die beiden Männer liefen aufeinander zu und erreichten gleichzeitig den oberen Treppenabsatz. Mit einer angedeuteten Geste ließ Winterhager den Bundeskanzler den Vortritt, der jetzt nur ein paar Stufen vor ihm die ganze Treppe hinunter ging. Die Situation hatte etwas Beklemmendes, er spürte die Präsenz Brandts unmittelbar physisch, und auch Brandt musste ja wahrnehmen, dass da hinter ihm jemand ging, wenn ihn der kurze Moment des Vortritts auch kaum beschäftigt haben wird. Zugleich konnte Winterhager in Ruhe beobachten, wie der bereits damals zwar nicht unumstrittene, doch in seiner Bedeutung für die Demokratie anerkannte Politiker die Treppe hinunterging. „Das hat mir gut gefallen", erzählte er. „Da ging ein Herr."

Zanders Feinpapiere 28

Nachdem Klaus Winterhager die Zusammenarbeit mit Bayer aufgegeben hatte, dauerte es einige Monate, bis er – während der Refrather Zeit – einen neuen längerfristigen Auftraggeber akquirieren konnte: die Papierfabrik Zanders in Bergisch Gladbach. Das einstige Familienunternehmen Zanders Feinpapiere GmbH & Co. existiert nach einer Expansionsphase in den Sechzigerjahren, der Umwandlung in eine Aktiengesellschaft und verschiedener Käufe und Übernahmen bis heute. Winterhagers Aufgabe war es, die Qualität der Papiere und ihre Vielseitigkeit durch die Gestaltung von beispielgebenden Produkten deutlich werden zu lassen. Über die Jahre entstand eine lange Reihe von Broschüren, von Plakaten und Kalendern, Illustrationen und Layouts für das Magazin der Firma, Briefpapiere und mehr. Mit Johannes Rundholz, dem kreativen Ansprechpartner der Firma, hatte Winterhager einen Auftraggeber gefunden, dem er vertrauen konnte. Betraute Rundholz ihn mit der Gestaltung eines Plakats oder anderer Werbeprodukte, ließ er ihm freie Hand, denn er schätzte seine Arbeit und wohl auch seine persönliche Herangehensweise. In einem Artikel der Kölnischen Rundschau zum hundertsten Geburtstag des „Zanders-Mannes" (vom 13.9.2013) wird Rundholz als Papier- und Marketingexperte „mit Gespür für Qualität" charakterisiert, zugleich Macher und Feingeist. Vor allem der „Feingeist" Rundholz wird Winterhager gefallen haben. Ein Höhepunkt in der Zusammenarbeit mit Rundholz war das 150-jährige Jubiläum der Firma Zanders 1979. Dazu ließ Rundholz eine Lagerhalle ausräumen, bestuhlen und von den Tischkarten bis zur

Wanddekoration von Winterhager gestalten. Zum Leitmotiv wählte dieser die weiße Jahreszahl 1979, vor der sich über den mittleren Ziffern 97 weitere (96, 95, 94 und so weiter bis 82) aus der roten Papierebene heraus nach vorne auffächerten und die vergangene Zeit in Schichten vorführten. Eine Zanders-Arbeit, die mir besonders lieb wurde – wegen ihres Themas, aber auch weil sie mehrfach im Metall-Planschrank vorhanden war und ich sie als Geschenk mit nach Hause nehmen durfte –, ist ein als Jahreskalender gestaltetes Plakat für „Zanders Feinpapiere AG“ (es muss also nach 1980 entstanden sein, denn im September dieses Jahres wurde Zanders zu einer Aktiengesellschaft), „gedruckt auf/printed on/imprimé sur/stampato su EFALIN Feinleinen 130g/m^2“. EFALIN ist ein Einbandmaterial für Bücher, entsprechend wählte Winterhager ein Buchthema: Aus stets gleich breiten bunten und teilweise strukturierten waagrechten Streifen knicken die mittleren leicht nach vorne, und durch Schatten andeutende Verdunkelungen trennt sich nach rechts Vorder- und Hintergrund, so dass ein Buchrücken zu erkennen ist. Zu einem Kalender wird das Blatt, indem Winterhager links römische Ziffern von I bis XII, rechts arabische von 1 bis 31 untereinander anordnet, so dass zwei Klammern zur Kennzeichnung des Tages ausreichen.

Ich fragte, wie Winterhager auf seine Einfälle gekommen sei. Denke er gleichsam mit dem Stift in der Hand, zeichne wahllos, bis auf einem der Papiere vor ihm die passende Idee erscheine? Keineswegs: „Ich denke ohne Papier nach. Ich fertige auch keine Skizzen an, sondern gehe gleich an die Arbeit.“ Die Ideen entstünden alleine in seinem Kopf, und erst wenn sie da seien, begänne er mit der Ausführung. Ich erinnerte mich an einen Blindschachspieler, über den ich vor einiger Zeit schrieb. Wie dieser sein Schachbrett stets im Kopf mit sich herumträgt, ohne dass die Figuren darauf verrutschen, so stellte ich mir vor, hatte Winterhager alles parat, was er für die grafische Darstellung seiner Ideen benötigte. Er konnte ganz ohne Skizze erkennen, wie sich ein Buchrücken aus einfachen Farbstreifen schält.

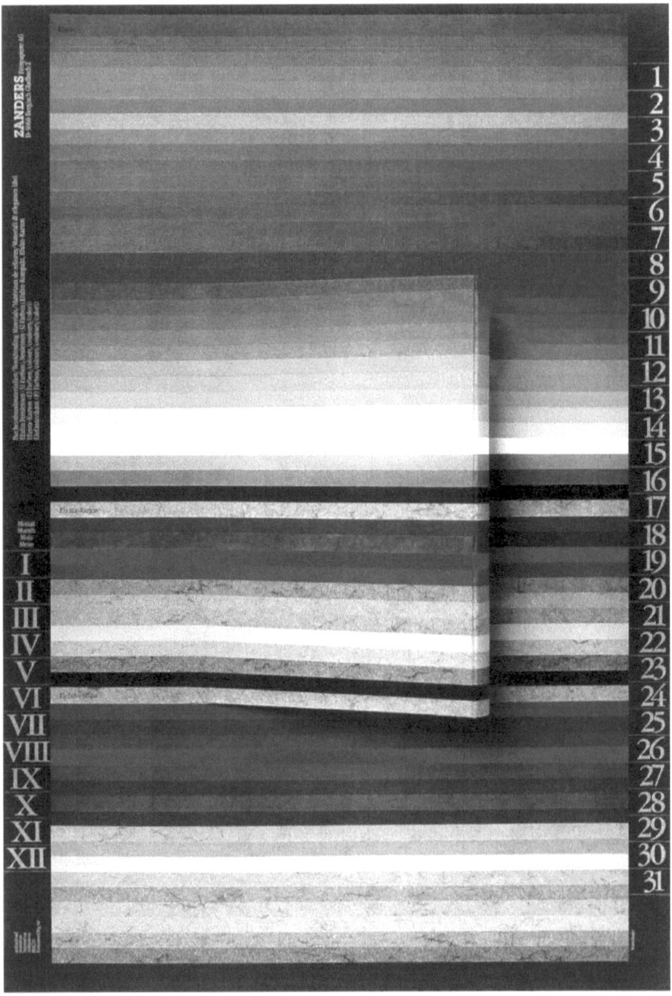

Plakat-Kalender für Zanders Feinpapiere GmbH, im Original farbig

Freie angewandte G r a f i k 29

Klaus Winterhagers Berufsauffassung, die bereits im Vorwort zur Sprache kam, hat sich im freundschaftlichen Verhältnis zu Johannes Rundholz beispielhaft erfüllt. „Ich konnte nur mit Leuten arbeiten, die mir auch sympathisch waren", sagte er. Dann arbeitete er aus der Freude heraus, seine Grafiken und Gestaltungsideen mit Menschen teilen zu können, die ihren Wert einzuschätzen wussten. Entsprechend langlebig war seine Zusammenarbeit mit Zanders. Wenn ihm der Auftraggeber dagegen fremd blieb, verlor er die Lust und die Motivation, die er für seine Arbeit brauchte. Als großen Gewinn schätzte Winterhager, dass er durch seine Aufträge nicht allein mit anderen Künstlern und Hochschulkollegen in Berührung kam, sondern auch mit Kaufleuten, mit Politikern, Technikern und Handwerkern – mit unterschiedlichen Umgangsformen und Gewohnheiten. Durch Peter Frank, um nur ein Beispiel zu nennen, dem Leiter des Hauses Industrieform in Essen (das heute den „Red Dot Design Award" vergibt), machte er die Bekanntschaft einer ganzen Reihe von Persönlichkeiten, vom Essener Oberbürgermeister bis zu Philipp Rosenthal, dem Porzellan-Unternehmer, zu dessen Berater Frank in späteren Jahren wurde. Aufgrund dieser Erfahrungen mit den unterschiedlichsten Menschen und Verhaltensweisen habe er nach und nach gelernt, die eigenen Vorstellungen im Knäuel politischer wie privater Interessen zur Geltung zu bringen. Und dass man selbst „in den Gesprächen auch vorkommen durfte" – so beschrieb Winterhager Aspekte der persönlichen Reifung, und siedelt sie recht spät an, nach dem Elternhaus, dem unseligen Krieg, Schule und auch nach dem Studium, wo es zwar um das Entwerfen ging, nicht aber darum, die eigenen Entwürfe überzeugend anzubieten und zu vertreten. Die persönliche Nähe, die er bisweilen zu seinen Auftraggebern zuließ, manchmal „Gratwanderungen", deren Höhe nur durch sorgfältige Balance zwischen Privatem und professioneller Kompromisslosigkeit gehalten werden konnte – diese Freundschaften gehörten zum Erfreulichsten seines Berufs. „Kollateralgewinne", formulierte er gewohnt pointiert.

Angestellt und damit weisungsgebunden zu arbeiten, war für Winterhager nie infrage gekommen. Einige Werbeagenturen warben um ihn. McCann bot an, ihm als Leiter der Grafik ein Atelier einzurichten und nannte eine Zahl von 50.000 D-Mark zur Finanzierung, doch er lehnte ab: „Dann muss ich ja Dinge tun, die Sie mir vorschlagen." Er wollte künstlerisch frei bleiben, ohne Zugeständnisse an einen tatsächlichen oder vermeintlichen Publikumsgeschmack. Manche Kollegen legten ihm diese kompromisslose Haltung als Arroganz aus, doch für Winterhager war sie die Bedingung dafür, überhaupt schöpferisch arbeiten zu können. Es kam durchaus zu Schwierigkeiten, nicht nur zu Beginn seiner Freiberuflichkeit, bis sein Name bekannt und geschätzt genug war, um ihm regelmäßige Aufträge einzubringen. Peter Frank – es ging um einen Plakatentwurf – fragte einmal: „Verstehen das die Leute?" „Ob sie das verstehen, muss nicht Ihre Sorge sein. Ich stehe dazu!" Gelegentlich kam es auch vor, dass ein Entwurf nicht realisiert wurde. Einen Alternativvorschlag bot er jedoch nicht an. Die Zusammenarbeit war gescheitert. „Da war ich ziemlich streng mit den Leuten."

Wie es zu dieser Einstellung kam, ist mit dem Hinweis auf inkompetente und sich selbst in ihrer Urteilsfähigkeit überschätzende Auftraggeber noch nicht geklärt – diesen sind schließlich alle Gestalter ausgesetzt, deren Arbeiten außerhalb des Museums und an irgendeiner relevanten Stelle des gesellschaftlichen Lebens ihren Platz finden sollen. Für psychologische Spekulationen fehlen mir die Grundlagen. Stattdessen drängt sich ein Gedanke auf: Da starteten junge Männer in ihr Berufsleben, die weitaus Bedrohlicheres kennengelernt hatten als Konflikte mit Chefs und Kollegen. Angesichts der zerbombten Innenstädte Remscheids und Kölns, in Erinnerung an das tagelange Ausheben von Schützengräben mit blutigen Händen und leerem Magen, dem quälenden Hunger eines Heranwachsenden, erschreckte Klaus Winterhager eine kurze berufliche Durststrecke sicherlich weniger, als sie heute viele erschrecken kann.

„Ich hatte wohl einen Schutzengel, der mich führte", kommentierte Winterhager. Manifest wurde dieser Schutzengel in der früh erscheinenden Begabung, die ihm inmitten der Halt- und Richtungslosigkeit, die er erlebt hatte, eine Richtung vorgab. Welchem Wegweiser lohnte es sonst, zu folgen? Andere, die Winterhager zunächst nicht kannte, zogen ähnliche Schlüsse: Der Fotograf, Maler und Grafikdesigner Anton Stankowski, die Grafiker und Schriftdesigner Kurt Weidemann und Otl Aicher: „Sie haben mich in dem bestätigt, was ich wollte."

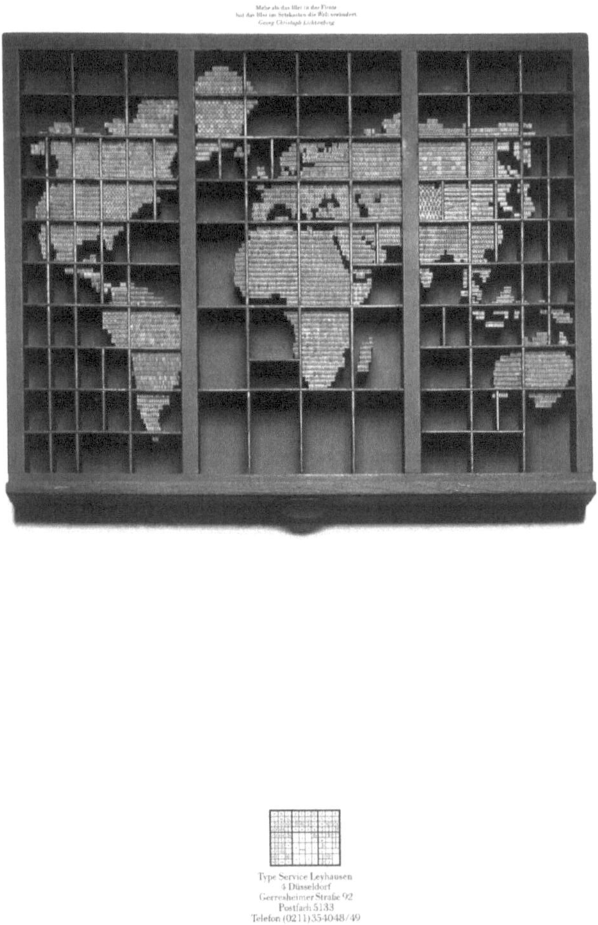

Plakat für die Firma Leyhausen, inspiriert von einem Aphorismus Lichtenbergs (am oberen Rand): „Mehr als das Blei in der Flinte hat das Blei im Setzkasten die Welt verändert.“

Hochschullehrer 30

Wenngleich Winterhager seit seinem ersten Kölner Semester als Ratgeber gefragt war, plante er nicht, sich aktiv als Professor ins Gespräch zu bringen. In den Siebzigerjahren erreicht er mit seinen Arbeiten und Ausstellungen jedoch eine gewisse Bekanntheit in Fachkreisen, „da war die Zeit reif." Beinahe gleichzeitig erhielt er mehrere Anfragen von Hochschulen – Fachhochschulen und Gesamthochschulen etablierten Studiengänge in Grafik-Design oder mit vergleichbarer Ausrichtung. Die erste ernsthafte Anfrage kam von der neu gegründeten Bergischen Universität Gesamthochschule Wuppertal. Obwohl er schon 1969 an der Werkkunstschule Wuppertal gelehrt hatte, die nun in der Bergischen Universität aufgegangen war, fühlte er sich noch immer unsicher, ob es ihm gelingen würde, seine Kenntnisse und Erfahrungen adäquat zu vermitteln. Letztlich war es diese Frage selbst, gepaart mit Experimentierfreude, die ihn dazu motivierte, zuzusagen – noch ohne zu wissen, was auf ihn zukam. 1974 wurde er hauptamtlicher Dozent. Als später weitere Anfragen aus Köln, Essen, Kiel und Offenbach kamen, fühlte er sich bereits gebunden. Bedauert hat er seine Entscheidung nicht, wenngleich der neu konzipierte Studiengang in Kiel ihn im Nachhinein wohl gereizt hätte. Dort wollte man die Studien für Grafik und Architektur im Grundstudium zusammenfassen und Winterhager für diesen interdisziplinären Ansatz gewinnen. So hätte er an Arbeiten anknüpfen können, die ihn mit der Architektur verbanden – die etwa in Zusammenarbeit mit dem alten Schulfreund und Architekten Jürgen Ringel in Düsseldorf oder mit Friedrich Karl Borck, einem

Vetter seiner früheren Ehefrau Luise, in Berlin entstanden waren. Wenn Ringel ein Modell erstellte, lud er Winterhager gelegentlich ein, damit dieser ihn in der Fassadengestaltung beriet. Borck baute das Gebäude für die psychiatrische Abteilung eines Berliner Krankenhauses und empfahl Winterhager für die Gestaltung der Innenräume, für ein Farbkkonzept, die Wandgestaltung und die Auswahl des Mobiliars. Diese architekturnahe Gestaltung hätte er in Kiel zum Thema seiner Lehrveranstaltungen machen können. Dennoch lehnte er das Angebot ab. Gerade hatte er den Wuppertalern seine Mitarbeit versprochen.

Seinen Schritt in die Hochschule bereute Winterhager nie. 1982 wurde er von der Bergischen Universität zum Professor für Grafikdesign ernannt. Er blieb ihr bis zu seiner Pensionierung 1993 treu – und konzipierte Ende der Achtzigerjahre auch ihr Corporate Design, einen Gesamtentwurf vom Logo bis zu Briefbögen und Formularen. Winterhagers Variante des „Bergischen Löwen“ bezeichnet die Hochschule bis heute.

In seiner Arbeit mit den Wuppertaler Studenten nahmen die praktischen Projekte neben den wiederkehrenden Vorlesungen einen wichtigen Teil ein. Er wollte seine Schüler nicht von oben herab belehren, sondern auf Augenhöhe mit ihnen Neues entwickeln, wollte ihr Geschmacksurteil ausbilden, statt sie einer Doktrin zu unterwerfen. Er genoss die Zusammenarbeit mit den Studenten als Bereicherung, auch viele gemeinsame Exkursionen, und behandelte sie als gleichwertige Gesprächspartner – ganz so, wie er selbst es in Köln erfahren hatte.

Vom Ministerium für Wissenschaft und Forschung des Landes Nordrhein-Westfalen wurde Klaus Winterhager zum Beispiel damit beauftragt, einen Kalender mit zwölf Monatsblättern für das Jahr 1983 zu gestalten. Thema: „Verwaltung“. Daraufhin entwarf er das Gesamtkonzept und lud seine Studenten dazu ein: Jeder, der wollte, konnte Blätter einreichen. Vier Studenten, die kurz vor ihrem Abschluss standen, forderte er dazu auf, einen ganzen Kalender zu gestalten. Auf diese Weise kamen über 60 Einzelblätter zustande. Als Berater der Jury machte Winterhager den Vorschlag, die zunächst nicht ausgewählten Arbeiten, die ebenfalls von guter Qualität waren, verkleinert auf Zwischenblättern abzubilden. Obwohl die Fotomotive und Grafiken nicht von Winterhagers Hand stammen, ist in vielen seine „Handschrift“ spürbar: Ein skeptisch-ironischer Zugang, der nicht frontal aufs Thema zugeht, sondern über scheinbar Nebensächliches, jedenfalls Überraschendes die Aufmerksamkeit des Betrachters wecken möchte. In vielen Blättern werden Utensilien aus der Verwaltung – oft ein Aktenordner oder Teile davon – mit den Realien verknüpft, die es zu verwalten gilt. Dem Minister habe es gefallen.

Eine ähnlich studentische Arbeit: Auf einem DIN-A-3-Tischblock, der als Schreibunterlage oder zur Aufzeichnung von Notizen dient, ist auf weißem Hintergrund – links eine Kalenderleiste – ein ebenfalls weißes und darum erst auf den zweiten Blick sichtbares Kissen zu sehen. Auf dem jeweils ersten Abziehblatt glatt, auf dem nächsten „belegen“ wie ein Kissen, auf dem eben noch ein Kopf geruht haben könnte. „Von dieser Arbeit halte ich sehr viel“, sagte Winterhager. „Was gefällt Ihnen daran?“, wollte ich wissen. „Die Einfachheit der Darstellung, und die Ironie des Themas.“

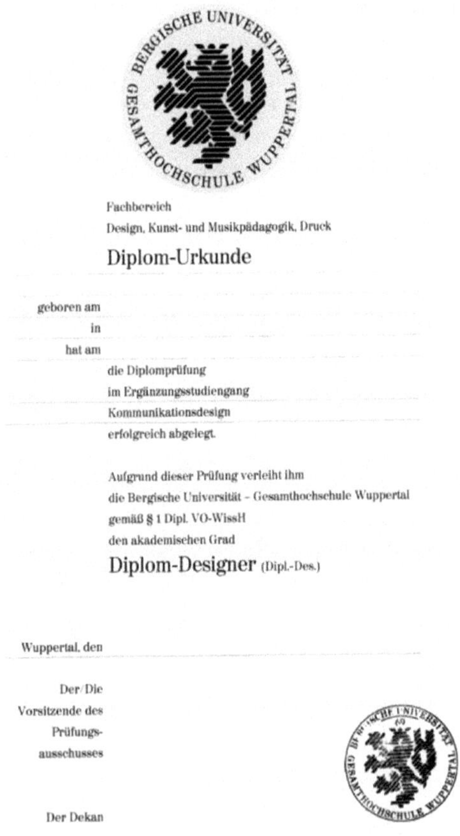

BERGISCHE UNIVERSITÄT GESAMTHOCHSCHULE WUPPERTAL

Fachbereich
Design, Kunst- und Musikpädagogik, Druck

Diplom-Urkunde

geboren am
in
hat am
die Diplomprüfung
im Ergänzungsstudiengang
Kommunikationsdesign
erfolgreich abgelegt.

Aufgrund dieser Prüfung verleiht ihm
die Bergische Universität - Gesamthochschule Wuppertal
gemäß § 1 Dipl. VO-WissH
den akademischen Grad

Diplom-Designer (Dipl.-Des.)

Wuppertal, den

Der/Die
Vorsitzende des
Prüfungs-
ausschusses

Der Dekan

Klaus Winterhager entwarf Löwen-Logo und Corporate Design für die Bergische Universität Gesamthochschule Wuppertal.

Entscheidend 31

„Mein Renommee als Juror übertraf zuletzt das als Entwerfer“, erzählte Winterhager. Ein Juror benötigt erstens ein klares und auch schnelles Urteil in seinem Fach, und zweitens die Einsicht und Eloquenz, Entscheidungen zu begründen. Winterhager selbst drückte es so aus:

Die Qualität einer Jury steht und fällt mit der Reflexionsfähigkeit aller – genauer gesagt – der meisten Beteiligten und ihrer verbalen Fähigkeit, ihre Ansichten mit Geduld und Respekt auszutauschen.[20]

War für seine Berufung zum Professor für Grafik-Design in erster Linie sein eigenes Werk maßgeblich, hatten die Anfragen, ob er für diese oder jene Ausstellung oder für einen Wettbewerb in der Jury tätig werden wollte, ihren Grund wohl eher in diesen Vermittlungs-Fähigkeiten – die sich bereits zu Anfang seines Studiums im Wolffschen Atelier gezeigt hatten. Wer sie mitbrachte, machte sich vor allem um die Nicht-Fachleute in den Gremien verdient – und die Zahl der Anfragen stieg. Wenn er konnte, sagte er zu. Bei öffentlichen Wettbewerben – die meisten waren öffentlich – sitzen oft politische Entscheider in der Jury. Und häufig wurde er zum Vorsitzenden des Gremiums gewählt, denn bei Stimmengleichheit muss einer die Verantwortung übernehmen. Auf der Internetseite der Stadt Kaarst[21] findet sich zum Beispiel die Beschreibung eines Wettbewerbs zum Logo der Stadt, bei der Winterhager gemeinsam mit Monika Hagenberg, einer Kollegin der FH Niederrhein, den Vorsitz führte. Die restlichen Jurymitglieder, zwölf an der Zahl, waren Honoratioren und „Meinungsbildner“ der Stadt. Über die Jahre – Winterhager lehrte von 1976 bis 1994 an der Universität Wuppertal – wurde er vor allem im Ministerium für Wissenschaft und Forschung so bekannt, dass seine Meinung zu Neubesetzungen in einschlägigen Fächern nordrhein-westfälischer Hochschulen gern gehört wurde. Das betraf sogar Stellen in der freien Kunst oder in der Architektur. „Herr Winterhager“, hieß es da am Telefon, „da hat sich ein Herr (oder eine Frau) X beworben, kennen Sie den (oder die)?“ „Nein, schicken Sie mir bitte die Unterlagen.“ Das tat der Anrufer. „Was sagen denn die anderen Herren des Gremiums? Haben Sie schon nachgefragt?“, erkundigte sich Winterhager einige Zeit später. Es stellte sich heraus, dass er der Einzige war, der die Unterlagen bekommen hatte. „Ich wollte nur Ihre Meinung hören. Das reicht mir“, gab der Entscheider treuherzig zu, obwohl ihm bewusst gewesen sein muss, dass er damit gegen die Vergaberegeln verstieß. Den Kollegen (und potenziellen Stellenbewerbern) blieb Winterhagers Machtfülle nicht verborgen. Die Wände sind im akademischen Bereich nicht allzu dick. Ungewollt aber unvermeidlich machte er sich auch Feinde.

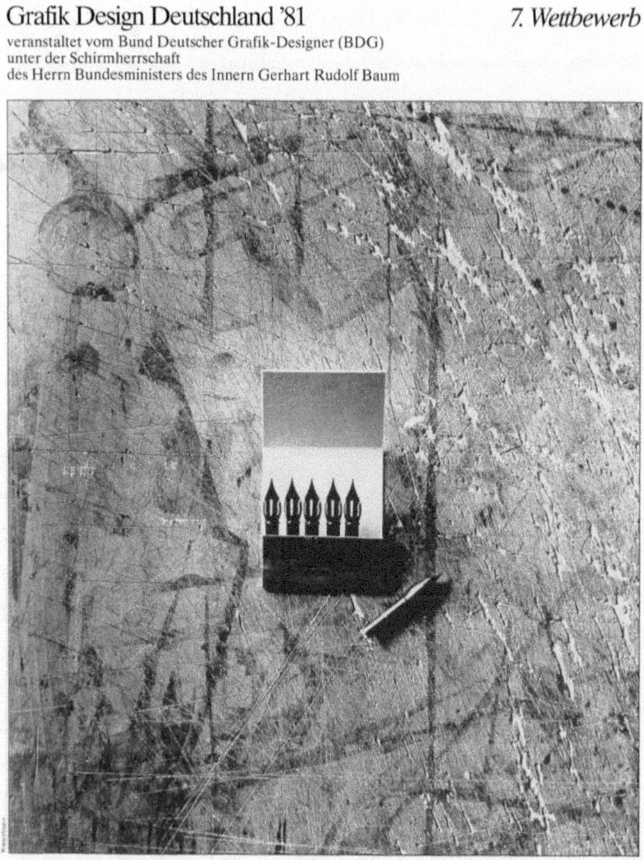

Plakat zum 7. Wettbewerb des Bundes Deutscher Grafik-Designer

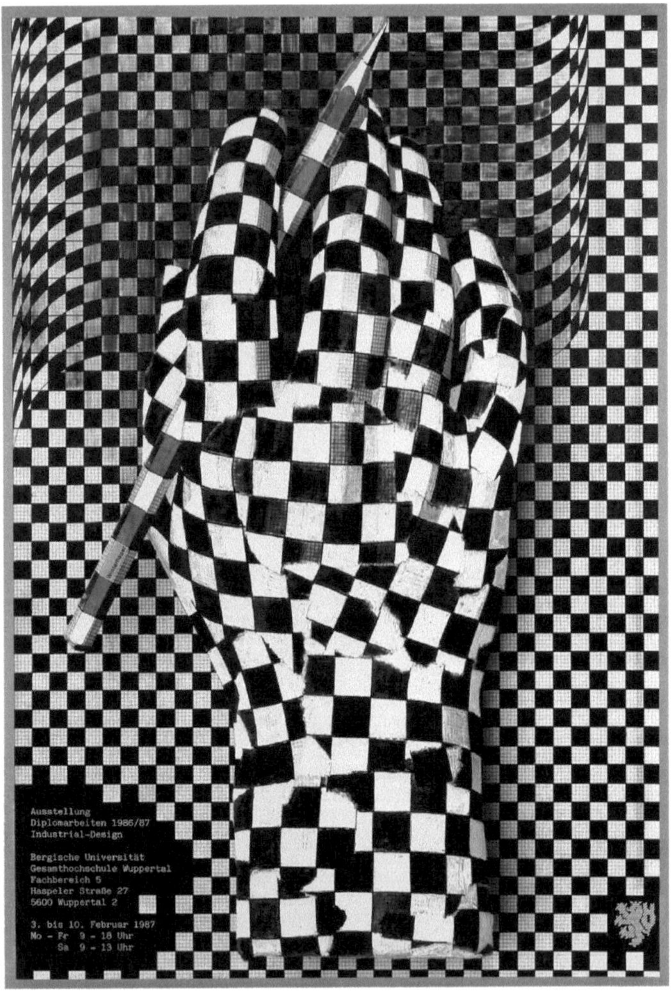

Plakat für eine Ausstellung der Diplomarbeiten Industriedesign an der Hochschule Wuppertal

„Mein Haus hat nur ein Zimmer“ 32

Wer ein ästhetisch bewusstes Leben führt, bei dem es neben Wohlstand, der wohl als Voraussetzung stilvoller Entscheidungen gelten muss, und neben den gängigen Kriterien von Erfolg auch darauf ankommt, das eigene Umfeld, beruflich wie privat, bis in die Vollzüge des Alltags hinein zu gestalten, wer ein solches Leben führt, hegt auch das Ideal eines Ortes, sei es Einzimmerwohnung oder Villa, die seinem ästhetischen Empfinden entspricht. Dass Klaus Winterhager nach diesem Ort suchte, ist offensichtlich. Das Bull-Haus in Köln-Mülheim, das schmale neugotisch geschmückte Haus in Refrath waren „gewählt“ in einem Sinne, in dem auch von einer „gewählten“ Sprache die Rede ist. Als die Jägerstraße nach dem Einbruch seinen Charme verloren hatte, zog Winterhager zunächst für fünf Jahre nach Weidenpesch, in eine unauffälligere Umgebung, dann nach Leichlingen nördlich von Leverkusen. Dort lebte er – passend zum Zeitgeist der 70er Jahre – in einer Hausgemeinschaft: Die zweite Wohnung des Hauses gehörte Marlis und Jürgen Hölzer. Jürgen Hölzer war Fotograf. Gemeinsam mit diesen Freunden reiste Winterhager auch viele Jahre lang, unter anderem nach Marokko, Tunesien, Norwegen, Sibirien, Finnland, Schottland und Irland, wo auch gemeinsame Foto-Arbeiten entstanden. In der dritten Wohnung lebte ein weiteres Designer-Ehepaar namens Jores. Michael Jores verdiente sein Geld später mit der Einrichtung von Arztpraxen. Von Leichlingen aus konnte Winterhager gut für einen oder zwei Tage die Woche nach Wuppertal fahren, um seinen Lehrverpflichtungen nachzukommen – doch zufrieden war er mit dieser räumlichen Situation nicht. Jahrelang suchte er nach geeigneten Atelierräumen, bis er Anfang 1980 den Tipp eines früheren Studenten bekam: In Schloss Lüntenbeck, einem ehemaligen Gutshof und Adelssitz im Westen Wuppertals, seien Räumlichkeiten frei. Wie sich herausstellte, war es der ehemalige Kuhstall im Wirtschaftsgebäude, der inzwischen ausgebaut worden war und als Ladengeschäft für Antiquitäten gedient hatte. Am Ostermontag besichtigte Klaus Winterhager den Raum zum ersten Mal, und war stark angezogen, aber auch ein wenig eingeschüchtert von seiner Größe: 230 Quadratmeter warteten hier auf eine neue Bestimmung! Die befreundete Redakteurin Gabriele Tolmein zitiert ihn in ihrem Artikel „Mein Haus hat nur ein Zimmer“, der nicht zufällig zugleich die Wohnung wie den Menschen porträtiert:

> Ich hatte keine Erfahrung, wie ich in einem so großen Raum leben könnte, [...] fühle ich mich verloren, bedrückt oder befreit? Schaffe ich es, den „Saal“ zu gliedern?[22]

Der Reiz der Aufgabe und der Umgebung – das Schloss, ein großer Innenhof mit alten Bäumen – überwog die Skepsis bei Weitem. Reizvoll war auch die Nachbarschaft zum Pächter Johannes Dinnebier, der mit seinem Büro für Lichtplanung in Lüntenbeck ansässig war. Unter den ehemaligen Stallungen hatte die Licht-Firma ihre Werkstatt installiert, in der Lampen und Beleuchtungssysteme hergestellt wurden – vor allem für Großprojekte wie den Flughafen in Riad, öffentliche Gebäude oder Kirchen. Winterhager einigte sich schnell mit Dinnebier, unterschrieb einen Mietvertrag und bestellte Handwerker. Am 1. Juli 1980 konnte er einziehen.

In seiner Gestaltung des offenen 230-Quadratmeter-Raumes orientierte sich Winterhager an der Struktur, die seine Antiquitäten-Vormieter hinterlassen hatten: „So kam in das frühere Büro ein Gästezimmer, das Betriebsklo wurde zum komfortablen Bad, die ursprüngliche Milchküche erlebte [...] eine Renaissance als moderne Küche. Ihr ist, mit kurzem Weg, der Essplatz zugeordnet. Der Zeichenplatz war durch die Lichtverhältnisse vorgegeben, der Schlafbereich durch die ihn abschirmenden Wände."[23] Wo früher die Stalltüren waren, zur Straße hin, befanden sich Türen aus Glas, die als Schaufenster gedient hatten – und gelegentlich auch später noch mit solchen verwechselt wurden. Die drei Meter fünfzig hohe Decke war aus Gründen der Stabilität in Rippen gegliedert – auch das gefiel dem Grafiker. Im ehemaligen Kuhstall des Gutes Lüntenbeck fand Klaus Winterhager schließlich den Ort, der seinen praktischen wie ästhetischen Bedürfnissen entsprach – und auf befriedigende Weise mit seiner Persönlichkeit korrespondierte. „Ich habe mich in meinem ganzen Leben nie so wohlgefühlt wie da!", erzählte er im Interview.

Der große Raum ermöglichte besondere Privatveranstaltungen und Begegnungen. Von einer davon erzählte Winterhager: Ariane Müller, deren Gemahl die Eisenwerke Müller in Schwelm betrieb, spezialisiert auf die Herstellung technischer Einrichtungen für Tankstellen, war gebürtige Inderin und eine sehr kontaktfreudige Person. Für einen Frauenkreis organisierte sie gerne Rundfahrten und Besichtigungen. Konrad Schily, Gründungspräsident der Universität Witten-Herdecke sowie Freund und Auftraggeber Winterhagers, hatte ihr seine Nummer gegeben, nachdem sie auf seine Gestaltung der Universitäts-Zeitschrift aufmerksam geworden war. „Könnten wir Sie einmal besuchen?", fragte sie den Grafiker am Telefon. „Grundsätzlich ja. Wie viele sind Sie denn?" „Wie viele könnten Sie denn unterbringen?" „Fünfzig vielleicht. Allerdings fehlen mir die Stühle." Am vereinbarten Termin fuhr morgens ein VW-Bully vor, und Studenten trugen die erforderliche Zahl Klappstühle herein. Später sammelten sich tatsächlich ungefähr fünfzig Frauen vor Winterhagers Haus, jede mit einer Flasche Wein, einem Stück Kuchen oder einem anderen Gastgeschenk in der Hand, sogar mit Kaffee gefüllte Thermoskannen hielten sie bereit. Als Frau Müller eingetroffen war, betrat die Gruppe gemeinsam das Haus. Winterhager begrüßte sie. Nur wenige hatte der Professor zuvor schon kennengelernt. Er amüsierte sich über die große Anzahl seiner ausnahmslos weiblichen Gäste, denen er seine Arbeit vorstellte. Nach etwa zwei Stunden waren Vortrag und Fragerunde vorbei und Ariane Müller klatschte in die Hände: „Jetzt gehen wir wieder." Zuvor bemächtigten sich die Damen noch des Staubsaugers und anderer Haushalts-Utensilien, um zu kehrten, zu saugen und in einer Viertelstunde die 230 Quadratmeter durchzuwischen, so dass sie am Ende keinerlei Spuren hinterließen.

Dreißig Jahre, von 1980 bis 2010, lebte Klaus Winterhager in seinem 230-Quadratmeter-„Zimmer". Noch einmal O-Ton Winterhager, aus der Zeitschrift Häuser:

> Der Luxus, über viel Raum zu verfügen, inspiriert mich. Die Großzügigkeit um mich herum überträgt sich aufs Denken. Ich bin in meinen Entwürfen deshalb oft mutiger. Für jede Tätigkeit gibt es einen geeigneten Platz. Zum Nachdenken gehe ich aufs Sofa oder zwischen den verschiedenen Bereichen spazieren. Am Tisch sitze ich, wenn ich eine Idee ausführe.[24]

Scarpati 33

Seit ich Biografien und Autobiografien schreibe, kam ich noch nicht dazu, ein Restaurant näher in den Blick zu rücken oder ihm gar ein eigenes Kapitel zuzuordnen, wie es nun geschehen soll. Gasträume bilden meistens nur die Kulissen des Lebens und verblassen vor den Szenen, die sich im Vordergrund abspielen – Hochzeitsfeiern, zufälligen Begegnungen, Ferienvergnügen.

Als Klaus Winterhager im Schloss Lüntenbeck eingezogen war, musste er nur aus der Tür gehen, und zwei Stufen später stand er bereits im *Scarpati*, einem italienischen Restaurant, das sein Besitzer Aniello Scarpati 1974 dort eingerichtet hatte. Keine gewöhnliche Pizzeria, sondern ein „Ristorante" – Wuppertals neue erste Adresse, wenn es um gutes Essen ging. Dort suchte er sich einen Platz, und spätestens als er zum dritten Mal hintereinander die Speisekarte entgegengenommen, bestellt, gegessen und bezahlt hatte, wusste der Inhaber, wie sein neuer Gast hieß. Trotz seiner vorbildlich eingerichteten Küche, kochte Winterhager nur selten selbst, doch bald war es weniger die Bequemlichkeit, die ihn nebenan in den Gastraum führte, sondern die Gewöhnung an die köstlichen italienischen Mahlzeiten, die im *Scarpati* zubereitet wurden. Zudem erwies sich die freundliche, taubenschlagartige, geschirrklappernde und vermutlich mit dezenter italienischer Musik angereicherte Atmosphäre des *Scarpati* als perfekte Ergänzung zum 230-Quadratmeter-„Zimmer", das Winterhager bewohnte. Hier wie dort fühlte er sich zu Hause. Der großgewachsene und auf den ersten Blick streng wirkende Neapolitaner Scarpati war eine Persönlichkeit und reagierte schlagfertig auf in Worten oder Gesten zugespielte Bälle.

Leider – aus Winterhagers Sicht – kauften Aniello Scarpati und seine Frau Roswitha bereits 1982 eine Jungendstilvilla (das „Haus Kati“) in der Scheffelstraße, die etwa zwei Kilometer vom Gut Lüntenbeck entfernt liegt. Sie renovierten und erweiterten das Gebäude und eröffneten ihr Restaurant neu, zugleich mit einem Hotel und einer gastronomisch einfacheren Trattoria. Das französische Lokal, das dem *Scarpati* im Schloss nachfolgte, blieb für Winterhager nur ein gewöhnliches Restaurant. Von nun an musste er ins Auto steigen, um zu seinem Lieblingsitaliener zu kommen.

Vielleicht wären ihm nun, trotz aller Vorliebe und Vorteile, die Kosten für das tägliche Essen im Spitzenrestaurant als zu hoch erschienen, und er hätte sich auf zwei oder drei Tage in der Woche beschränkt, wenn sich im zunehmend vertrauteren Gespräch nicht eine besondere Art der Rückvergütung ergeben hätte. Ein wenig war es wie zu Remscheider Zeiten im Krieg, als sich der Heranwachsende Zucker und Gebäck beim Café nebenan verdiente, indem er Preisschilder schrieb. Ein feines Restaurant benötigt ebenfalls stilvolle Schilder, dazu Speisekarten, Einladungen für besondere Anlässe, Werbeanzeigen in der Tagespresse: Klaus Winterhager wurde zu Aniello Scarpatis Haus-Designer – dafür erhielt er freie Kost, wenn er wollte auch zwei Mal am Tag, und auch für Gäste, die er zu Arbeitsbesprechungen wie privaten Anlässen gerne und häufig mitbrachte. Doppelt eingeführt als Stammgast und Grafiker wurde Klaus Winterhager zu einem Vertrauten des Hauses, nahm Anteil an Veränderungen in der Küche, wenn beispielsweise neues Personal eingestellt wurde oder bekannte Gesichter das Haus verließen. Später lernte er auch Jörg Speck kennen und schätzen, der Geschäftsführer und Chef des Services wurde. Das *Scarpati* verwandelte sich für Winterhager nach und nach – wir reden von Jahrzehnten – in eine Art Club. Stammgäste stellten einander vor: Eine Vorliebe teilte man bereits, ein Gesprächsanlass war stets vorhanden. So entstanden Freundschaften. „Wenn ich zu Scarpati fuhr“, erzählte Winterhager, „konnte ich stets sicher sein, jemanden zu treffen, den ich entweder gut kannte, oder von dem ich schon einmal gehört hatte.“ Dreißig Jahre Schloss Lüntenbeck heißt also auch dreißig Jahre Scarpati, zusammen prägten sie Winterhagers konzentriert-selbstbestimmten und zugleich geselligen Lebensstil.

Einmal, in den Neunzigerjahren, als Winterhager krank wurde und sich einer Leberoperation unterziehen musste, ließ Scarpati ihm das gewohnte Mahl täglich ins Krankenhaus bringen. Teilweise brachte er es ihm selbst. Ein Freundschaftsdienst, der für das zärtliche wenn auch gelegentlich schwierige Verhältnis der beiden Männer stehen kann.

Das *Scarpati* gibt es noch immer, bis heute in der Scheffelstraße – auf der Homepage des Hauses findet sich ein Schriftzug „Scarpati“ mit stilisiertem „S“, der von Winterhager entworfen wurde. Und noch immer ist das Scarpati die erste Adresse in Wuppertal, 2005 sogar mit einem Stern im Guide Michelin.

Winterhagers *Scarpati*-Logo

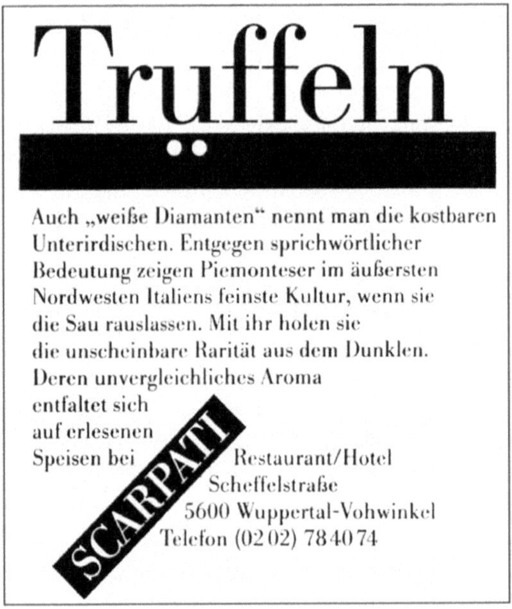

Anzeige für das Restaurant *Scarpati*

Automobile 34

Der Enkel des ersten Autobesitzers von Remscheid erbte dessen Leidenschaft für hochwertige Fahrzeuge. Worauf kam es ihm an? „Das Design, das Image, und auch die Motorleistung: Es musste schnell sein!“ Der erste Jaguar, den er fuhr, besaß 12 Zylinder und 5,3 Liter Hubraum – ein veritables Raubtier. Auf technische Einzelheiten, vermute ich, wird es Klaus Winterhager weniger angekommen sein, sicherlich auch nicht auf kalkulierte Ökonomie und Bequemlichkeit, Sitzheizung, Kofferraumvolumen und dergleichen. Gebrauchsgegenstände sind nicht nur irgendwelche Dinge, die wir zur Bewältigung des Alltags benötigen, sondern zugleich Requisiten unseres Lebens. Auch bei Tischen, Teekannen oder Wohnzimmern legt die Gestaltung nicht nur einen bestimmten Gebrauch nahe, sondern vermittelt zugleich ein Lebensgefühl – nach außen wie innen. Und bei kaum einem Gegenstand kann dieser Einfluss so stark werden, wie bei einem Automobil. Der Auto-Kritik, die er für Heft 153 der Zeitschrift form schrieb (über den Jaguar XJ6 3.2 Executive, „Katze auf dem Sprung“) merkt man den Ernst an.

Diese Autos kaufte und fuhr Klaus Winterhager:

1 grauer VW Käfer
1 VW-Bus (T1)
1 schwarzer VW Käfer
1 weißer VW Käfer
1 schwarzer VW Variant (ein Kombi, den VW ab 1962 herstellte)
1 dunkelbrauer Porsche

2 12er BMW
5 Alpha Romeo
2 Rover
5 Mini
2 Jaguar (gleichzeitig mit dem Mini, Winterhager: „Mein Jaguar hat ein Rettungsboot.“)

Das sind 22 Automobile, verteilt auf 56 Jahre zwischen 1954 und 2010, durchschnittlich zweieinhalb Jahre Laufzeit pro Auto. Von Unfällen berichtete Winterhager nichts. Friederike allerdings vermeldete, dass ihr auf dem Rücksitz des braunen Porsche einmal so schlecht geworden sei, dass sie sich übergeben musste. Das hatte wohl mit einer Fahrweise zu tun, die besser zum sportlichen Charakter und den Möglichkeiten des Fahrzeugs passten als zur jungen Mitfahrerin. Zum Detailbild eines Porsche im Jahrbuch 1996 des Bundes Freischaffender Foto-Designer schrieb Winterhager: „Der raffinierte Ausschnitt in versüßendem Licht verbirgt nicht, dass der Pilot mehr PS hinter sich hat, als zum Leben nötig.“[25] So verhielt es sich auch mit den meisten seiner eigenen Fahrzeuge.

London Road 35

Die London Road in Glasgow, Anfang der Siebzigerjahre: eine breite Durchgangsstraße mit Häusern, deren Abbruch beschlossene Sache war. Wer es sich leisten konnte, war längst fortgezogen. An den Türen und Wänden: Graffiti – „Schmierereien“, könnte man schreiben, denn es sind keine bunten Buchstaben-Bilder, geschweige denn ausgefeilte Wandmalereien, sondern nichts als weiße Sprühstriche auf Grau, ungestalt, der Hässlichkeit der Umgebung angepasst. Klaus Winterhager hat sie dennoch fotografiert, und mit ihnen die ganze Straße. Die Fotos sortierte er wie viele andere Reisefotos aus allen Teilen Europas, von Sizilien bis in Schottlands Norden, in sein privat-professionelles Foto-Archiv ein, aus dem er immer wieder Motive für seine Arbeit heranzog und in den unterschiedlichsten Kontexten zur Gestaltung brachte. Eines der London-Road-Graffiti – gesprüht und gekratzt auf eine graue Holzplatte, die eine Tür verriegelte – kombinierte Klaus Winterhager zwei Jahre, nachdem er es fotografiert hatte, mit der Reproduktion einer filigranen Zeichnung aus der Diderot-Encyclopédie, die er in Form einer mehrbändigen goldfarbenen Ausgabe besaß. Später standen die Bände auf dem Planschrank im Justina-von-Cronstetten-Stift. Der Kupferstich zeigt die Herstellung und Verwendung eines Federkiels als Schreibfeder. Winterhager ließ sie in Weiß auf Transparentpapier drucken, so dass das Graffiti dahinter noch gut erkennbar ist. Der Sinnspruch, der die spannungsreiche Bildkombination begleitet und kommentiert, stammt von Klaus Winterhager selbst: „In der Vielfalt der möglichen Extreme, miteinander zu kommunizieren, suche ein jeder ein

Bild seiner Art zu finden." Beides, Graffiti wie Enzyklopädie-Zeichnung, sind Bilder und als solche Sichtweisen, Lebens-Ausdrücke, die zu respektieren sind. Damit aus dem Ausdruck Kunst wird, so Winterhager, müsse allerdings noch etwas hinzukommen.

Die Leute, die hinter den Fassaden der London Road wohnten, fühlten sich jedoch nicht respektiert: Sie sahen, wie der Deutsche Fotos knipste, und liefen schimpfend auf die Straße. Er solle damit aufhören. Beinahe, so erzählte er, hätten sie ihm den Fotoapparat aus der Hand geschlagen. Sie fühlten sich wohl aus- und bloßgestellt vom Kameraauge. Auftraggeber der vielschichtigen Collage war die Firma *Gebrüder Wüst* in Köln, die unter anderem – als damals notwendigen Zwischenschritt für das Drucken von Bildern und Grafiken – lithografische Druckplatten herstellte. Ähnlich wie Zanders war Wüst also ein Unternehmen, das mit dem Medium selbst zu tun hatte, das Winterhager bearbeitete – inhaltlich ergaben sich dadurch größere Freiheiten, als wenn er ein von der medialen Vermittlung unabhängiges Produkt hätte bewerben müssen.

In den knapp dreißig Neujahrskarten für Wüst kombinierte Klaus Winterhager stets mehr oder weniger stark bearbeitete Fotos mit Titeln oder Überschriften, die das fotografisch Abgebildete in ein überraschendes, meist ironisch gebrochenes Licht setzten. Dafür blätterte er im Fundus seiner Fotografien auch durch zeitlich weiter Zurückliegendes, bis ein Fundstück sich zur begrifflichen Ausdeutung anbot. In der Bild-Überschrift-Kombination gelingt Winterhager eine Verbindung seines grafischen Könnens mit der Neigung des Aphoristikers zur knappen und zugleich hintersinnigen Formulierung. Schon bei vielen seiner Plakate greift Begriffliches und Visuelles ineinander: Der Bundespreis „Gute Form" des Rates für Formgebung beschäftigte sich 1974 mit Fahrrädern und was dazu gehört. Für das Plakat wählte Winterhager aber kein bestimmtes Produkt aus, um es ins rechte Licht zu rücken, sondern zeigte eine Frau, die ganz ohne konkretes Vehikel in Fahrradhaltung schwebte. Wie das Wortzeichen „Fahrrad“ verweist diese visuelle Leerstelle auf den Begriff, den wir vom Fortbewegungsmittel haben. Die Darstellung bewegt sich am Schnittpunkt beider Medien, im semiotischen Übergangsbereich, der Winterhager besonders interessierte. „Die Titel-Bild-Verbindungen kommen meinem Wesen sehr nahe“, bestätigte er. Zu einem Foto, das er im Cockpit einer Caravelle aufnahm, eines Mittel- und Kurzstreckenflugzeugs des französischen Luftfahrtunternehmens Sud Aviation, mit der er von Köln nach Tunesien flog, textete er: „Die höchsten Höhenflüge bleiben am Boden. Wie wünschen Ihnen einen guten Pflug.“ Zum Detailbild eines Ziegeldaches im französischen Dijon heißt es, in poetischer Umkehrung des Aristotelischen Lehrsatzes: „Die Summe der Teile ist mehr als das Ganze.“

Anlässlich seines 80. Geburtstags 2009 erschien eine Sammlung von 80 „grafikfreien“ Aphorismen Winterhagers im Privatdruck. 2012 ließ er diesem einen kleinen Band folgen, der mit „Schmetterlinge“ betitelt ist, und sich in knapper Form mit der zweckfreien Schönheit dieser Wesen beschäftigt.[26] Einige Beispiel-Aphorismen will ich zitieren:

> Verschlossene
> lassen Fragen offen.
> Offenherzige
> lassen Fragen zu.

> Trifft der Hauptsatz
> den Nebensatz,
> fällt er ins Komma.

Kunst erklären
ist das eine.
Zur Kunst erklären
das andere.

Vor lauter Orden
den Krieg nicht sehen.

Schmetterlinge:
Als Gott Coutourier war.

Der Aphoristiker Winterhager zeigt sich auch in seiner Zurückhaltung, wenn es darum geht, Begründungen zu liefern und Theorien auszubreiten. Statt dessen antwortete er lieber knapp, und überließ es im Übrigen dem Interpreten, zu interpretieren.

Die Anzeigen für den Druck-Dienstleister Wüst erschienen in entsprechenden Fachzeitschriften. Wer die Winterhagerschen Arbeiten schätzen lernen will, möge sie in diesem publizistischen Umfeld betrachten. Beim Durchblättern bekommt man den Eindruck, sie seien nachträglich in eine deutlich ältere Zeitschrift eingeklebt worden.

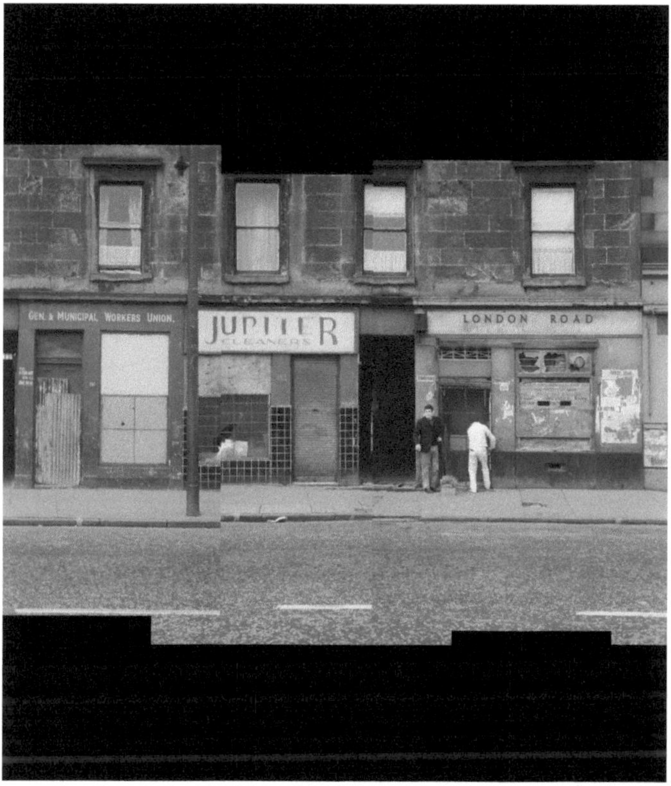

London Road, Glasgow (Ausschnitt), im Original farbig

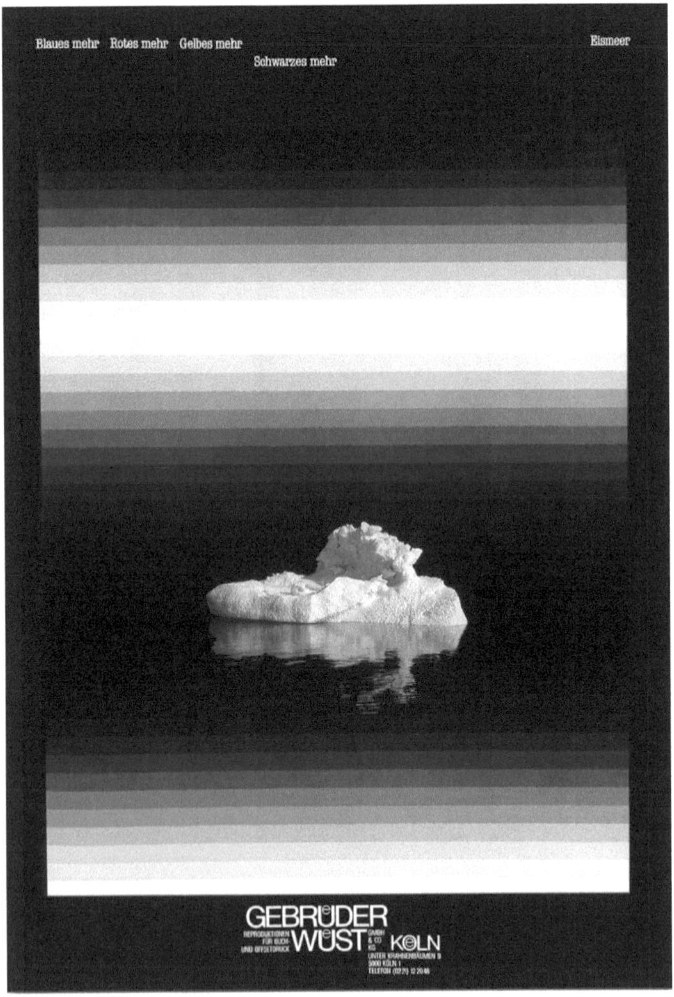

Gestaltung einer Kundenmappe

1993 wurde Professor Klaus Winterhager in Wuppertal pensioniert. Sogleich erhielt er ein Angebot der Ruhrakademie, einer privaten Schule für Kunst, Medien und Design in Schwerte, die einige Jahre zuvor vom Grafiker Jürgen Störr gegründet worden war. Störr hatte in Wuppertal, Dortmund und Berlin studiert, und war 1977 mit einem Lehrauftrag für Zeichnen und Druckgrafik an die Universität Wuppertal zurückgekehrt, so dass er Winterhager sicherlich aus diesem Zusammenhang kannte.

Winterhagers programmatischer Artikel mit dem Titel „Zeichen – Eine Formsache" entstand jedoch nicht im Zusammenhang mit seiner Lehre in Schwerte, sondern im Anschluss an einen Auftrag der privaten Universität Witten-Herdecke. Deren Gründungspräsident, Konrad Schily, gehörte ebenfalls zu jener Art von Auftraggebern, die Winterhager schätzte. Zu ihrer Eröffnung benötigte die neue Hochschule ein Logo oder „Sinn-Bild", wie Winterhager schrieb. Nachdem der Auftrag erfüllt war, fragte Schily ihn, ob er seine Prinzipien, die im Erarbeitungsprozess des Logos wohl aufschienen, und seine Erfahrungen im Umgang mit Zeichen, nicht auch in Form eines Artikels für die Universitätszeitschrift zusammenfassen könne. Im Text, der so entstand („Zeichen – Eine Formsache", unveröffentlichtes Manuskript), sind Ansätze einer allgemeinen Zeichentheorie mit den Erfahrungen zahlreicher „Jurierungen" und Beurteilungen verbunden. Er stellt die Frage, worin die Qualität von Zeichen bestehe: „Mich interessiert auch nicht die Menge der

Zeichen, also auch nicht die Menge ihrer Informationen, sondern ihre Qualität."

Der Begriff des Zeichnens, der Winterhagers Text zugrunde liegt, ist der einer allgemeinen Zeichentheorie oder Semiotik, wonach zunächst alles, womit wir uns auf unsere natürliche wie kulturelle Umwelt beziehen, als Zeichen zu gelten hat. Neben grafischen Zeichen wie zum Beispiel Verkehrszeichen werden auch Wörter und jede Art von Bildern als Zeichen verstanden, alles, was eine Bedeutung trägt und interpretiert werden kann.

Aus dem dichten und erfahrungsgesättigten Text greife ich drei Stellen heraus.[27] Die erste Stelle:

> Zeichen stehen in einer unüberbrückbaren Distanz zu dem, was sie kennzeichnen. Sie sind bestenfalls die größtmögliche Annäherung an das Gemeinte, zur Ungenauigkeit verdammt.

Diese Einsicht in allen Facetten durchdekliniert und erfahrbar gemacht zu haben, ist ein Verdienst der modernden Kunst. Aufklärung statt Illusion. In dieser Einsicht, scheint mir, wurzelt auch Klaus Winterhagers Neigung zur Ironie. Denn im ironischen Gebrauch von Zeichen ist das Wissen enthalten, dass sie letztlich nicht leisten können, was sie doch beabsichtigen und in gewisser Weise auch vorgeben zu tun. Die Erfahrungen mit den gewaltsamen Zeichen der Nazi-Ideologie haben seinen Willen zur Distanz, dieses Auf-der-Hut-sein beim Einsatz von Zeichen politisch aufgeladen. Die zweite Textstelle:

> Durch Zeichen teilen wir unsere Annäherung mit. Tun wir das offen und intensiv und wissen die Zeichen zu formen, könnte es zur Kunst werden.

Kunst ist für Klaus Winterhager also nicht das, was in einem bestimmten Medium und Genre produziert wird, wie zum Beispiel der Malerei oder der Kammermusik, sondern entsteht aus der intensiven Auseinandersetzung mit den Zeichen jedweden Feldes. Damit lässt sich nicht zwischen freier und angewandter Kunst unterscheiden – und das tat Winterhager ja auch nicht. Die dritte Stelle:

> Der Mercedes-Stern würde irritieren, wenn er Signet eines belletristischen Verlegers wäre oder wenn der Reemtsma-Wikinger-Bug einen Husumer Bäckermeister zieren würde. Kleine Brötchen lassen etwas anderes erwarten. Das hat nichts mit dem Inhalt der Zeichen zu tun, sondern mit ihrem Charisma – und das ist ausschließlich von den Proportionen abhängig.

Um Zeichen hoher Qualität zu „setzen“, reicht es demnach nicht aus, die Regeln zu lernen, welche die Zeichenelemente nach konventioneller Art mit ihrem Inhalt verbinden. Weil uns alles nur durch Zeichen gegeben ist, steht jeder Interpretationsvorgang in einem riesigen Zusammenhang, einem umfassenden Netz von Zeichen, das Schwingungen aus allen Richtungen auffängt. Darum kommt es auf jede Kleinigkeit an. Je weiter der Horizont des Zeichenproduzenten, desto akribischer kann am einzelnen Zeichen gearbeitet werden.

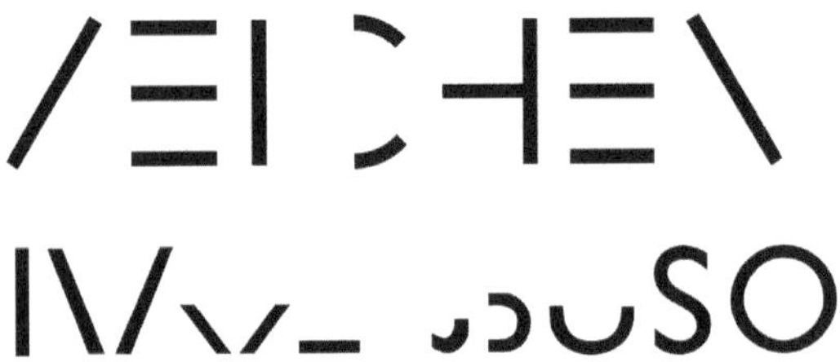

In „Zeichen – Eine Formsache“ untersucht Winterhager die „Atome“, aus denen lateinischen Lettern zusammengesetzt sind.

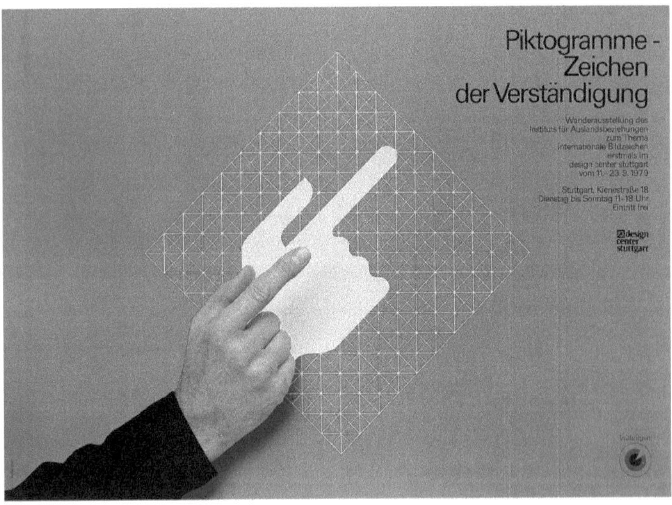

Ausstellungs-Plakat, 1979

form 37

> Klaus Winterhager ist Grafiker und Professor für Kommunikationsdesign in Wuppertal. Er konzipiert so ziemlich alles, was gedruckt wird, unter anderem auch Periodisches wie Geschäftsberichte, Zeitschriften oder Magazine. In der dritten Dimension, der Architektur, entwirft er innen und außen.

So wird Klaus Winterhager in Heft 153 der form – Zeitschrift für Gestaltung aus dem Jahre 1996 vorgestellt. Die Vielseitigkeit wird dabei (vielleicht von ihm selbst) weniger auftrumpfend als mit Understatement zum Spezialgebiet erklärt, wobei gerade das Gedankliche und damit nicht Visuelle – das Konzept und Konzipieren – die verschiedenartigsten Tätigkeiten verbindet, etwa den Zeitschriftensatz mit der Gestaltung von Wohn- oder Arbeitsräumen. Das saloppe Understatement („so ziemlich alles") weist auf die Problematik der Vielseitigkeit hin, welche die befreundete Journalistin Gabriele Tolmein direkter kommentierte: „Winterhagers Vielseitigkeit ist Chance und Handikap zugleich – als Spezialist wird er nicht gehandelt, aber es fehlt auch die ganz große Popularität."[28] Gestaltungsaufgaben waren für ihn offenbar in jeder Form reizvoll – „Ich bin leicht verführbar", ließ er sich zitieren[29] –, sofern sein Auftraggeber ihm den notwendigen Spielraum ließ, was Vertrauen bedeutete und die damit verbundene Anerkennung. Winterhagers Vielseitigkeit lässt sich auch an seinen Beiträgen zur Zeitschrift form ablesen, zu deren ständigen Beratern er bereits vor seiner Wuppertaler Professur 1976 gehörte, eine Funktion, die er die ganzen Achtziger- und Neunzigerjahre hindurch behält. Die form, Zeitschrift für Gestaltung, erscheint bis heute in Frankfurt/Main und fungiert auch als „offizielles Organ" des Bundes Deutscher Grafik-Designer. Chefredakteur und Herausgeber Karlheinz Krug zählte Winterhager viele Jahre lang zu seinem das Berufliche und Private verbindenden Freundeskreis.

Einige Themenschwerpunkte lassen sich trotz Winterhagers Vielseitigkeit identifizieren: Erstens Typografie und Layout – der Artikel „Zwei illustrierte Zeitschriften" aus Heft 73 (1976) über den Stern und die niederländische Avenue lassen den Biografen an die Neue Illustrierte denken, mit der Winterhager sich das Studium verdiente. Auch über die Zukunft der Zeitung schrieb er („Die Zeitung – täglich oder alltäglich", Heft 136, 1991). Andere Beiträge beschäftigen sich mit der Entwicklung der Buchgestaltung („Die fünfzig Bücher 1975", Heft 74, 1976), elektronischen Layout-Werkzeugen („Der Laser bringt die Lettern auf den Punkt", Heft 121, 1988) oder dem Schriftdesigner Otl Aicher („?rotis? ... und ?typographie?", Heft 124, 1988). Spannend wird es, wenn Winterhager die Leistungen von Kollegen unter die Lupe nimmt. Zum Beispiel untersuchte er drei Jahresberichte von Design-Institutionen auf die Erfüllung der von ihnen selbst pflichtgemäß hochgesteckten Ziele, und resümiert wenig schmeichelhaft:

> Die Widersprüche sind augenfällig. Im Design ist es wie im übrigen Kulturbetrieb. Viel Hausgemachtes und Liebloses füllt die Seiten.[30]

Das bloß mechanisch Fehlerlose lässt ihn kalt, zum Beispiel im Gebrauch von Layout-Rastern:

> Wenn Texte [...] routinemäßig vorab geplanten Spalten einverleibt und wenn Bilder ohne Rücksicht auf ihren formalen oder inhaltlichen Wert in vorgefertigen Rechtecken zurechtgestutzt werden, kommt dabei heraus, was nur an der Oberfläche sauber aussieht. Das ist Entwerfen von außen. [...] Korrektes Benehmen und nicht viel mehr – blutleer und langweilig.[31]

Zweitens beschäftigt sich Winterhager mit dem Zusammenhang von Design und Politik. Zum Beispiel mit der Neu-Gestaltung des Bundesadlers für den Berliner Bundestag (in Heft 158 aus dem Jahr 1997 tritt er für eine Variante des alten Bundesadlers ein, vor dem er Willi Brandt hatte reden hören.) Als Teil des Themenschwerpunkts „Demokratie und Design" (Heft 147, 1994) bespricht Klaus Winterhager das neu eröffnete Haus der Geschichte der Bundesrepublik Deutschland in Bonn – er erlebte es als ungestalte, weil ungestaltete „Rumpelkammer der Republik". Das ist kein snobistischer Verriss aus höherer Warte. Vielmehr trifft ihn die verpasste Chance unmittelbar, denn er begreift Gestaltung als politisch: Sie kann zu einer größeren Klarheit und damit zur Aufklärung beitragen. Weil Geschichte „im höchsten Maße abstrakt" sei, kein Ding, das sich unabhängig von seiner Konstruktion auch nur denken ließe, sei „Geschichte und ihre verständliche Vermittlung [...] letzten Endes ein und dasselbe". Man merkt dem Text an, wie schmerzlich den Rezensenten sein eigener Verriss traf. Gerne hätte er Gelungenes gelobt, und vermisste, was er sich erhofft hatte. Darum nennt er „ermutigende Beispiele anderswo", die zeigen, „daß die ausgereifte Form Gedanken klärt." Auch Plakate entstehen am Schnittpunkt von Politik und Gestaltung. Sie wirken im öffentlichen Raum und mit dem Ziel, auf die Öffentlichkeit einzuwirken. In zwei Artikeln aus dem Jahr 1980 kommentiert Winterhager die Preisträger (und Flops) eines europäischen Plakatwettbewerbs, der von der Mobil Oil gestiftet worden war, Thema: Energiesparen (!, man stelle sich heute einen Plakatwettbewerb zum Thema Datenschutz vor, der von facebook gesponsert wird). Winterhagers Kommentare zu den Plakatentwürfen lesen sich erstaunlich vergnüglich, vor allem an den Stellen, an denen er auf gedankliche Klarheit pocht. Auf einem Entwurf ist etwa eine Weltkugel zu sehen, die als Gummiballon zum Bedienen einer Glaspipette dient. Von einer übergroßen Hand gedrückt, löst sich ein Tropfen Öl aus der Pipette. Kommentar Winterhager: „Die Welt als letzter Augentropfen?“[32]

Welche Freiheiten Winterhager in der Zusammenarbeit mit form-Chef Karlheinz Krug genoss, zeigt sich in Spielerischem wie dem Osterartikel „Ei ... gelegt in form“ (Heft 145, 1994, S. 18-20): Dieser besteht aus Eidarstellungen und Bildern von Eiförmigem mit launigen Bildunterschriften, zum Beispiel, unter dem Bild eines Bestecks: „Ein Löffel wie ein Ei ist nur manchmal ein Löffel für das Ei. Apropos Löffel: Da kann der Hase nicht weit sein.“ Am schönsten ist der Schluss (bei einem aufgeschlagenen Ei): „Das wär's! Bis zum nächsten Jahr, bis kurz vor Ostern, wenn alle Eieruhren wieder um eine Stunde vorgestellt werden.“

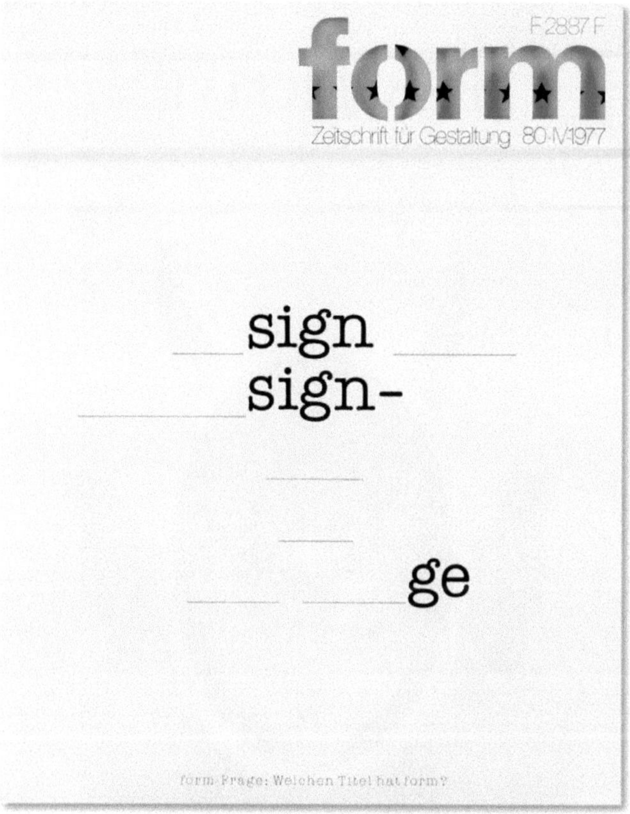

Titelbild der Zeitschrift *form*, 1977

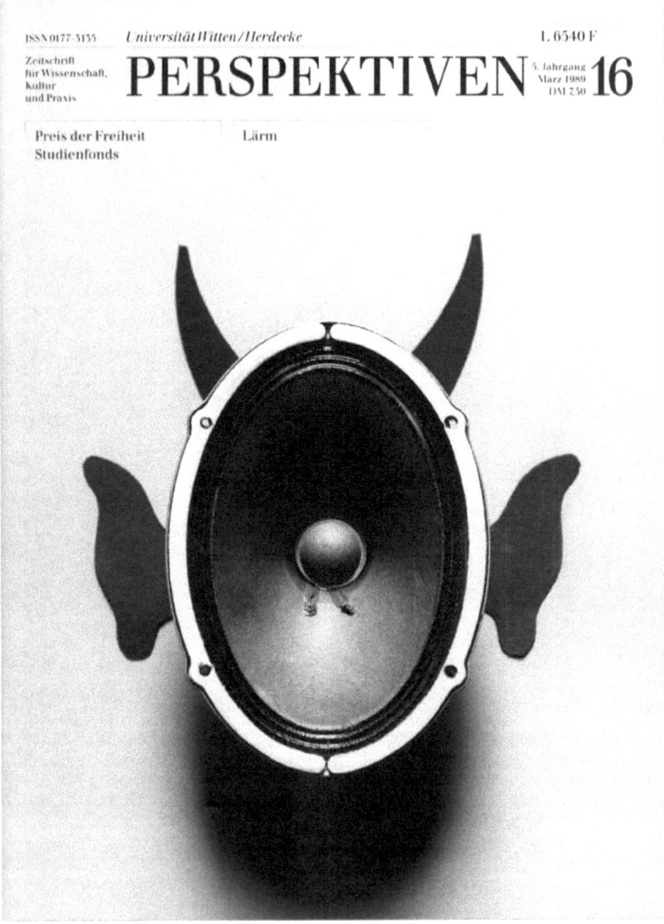

Titelbild der Zeitschrift *Perspektiven* der Universität Witten-Herdecke, mit deren Gründungspräsident, Konrad Schily, Winterhager freundschaftlich verbunden war (1989).

Kulturchronik 38

Vielseitigkeit auch dort, wo es nicht um einzelne Beträge oder die Beratung einer Zeitschrift, sondern um ihr Layout geht: „Vom ersten bis zum letzten Heft", „insgesamt über 6800 gestaltete Seiten" layoutete Klaus Winterhager die Zeitschrift Kulturchronik des Inter Nationes e.V., die dank ihrer öffentlichen Förderung als kulturelle Visitenkarte der BRD im Ausland Ernsthaftigkeit und Geradlinigkeit mit einer hohen Auflagenzahl verband. „Dass eine einzelne Person eine Zeitschrift bis ins letzte Detail ihres Erscheinungsbildes prägen konnte, ist in Zeiten immer rascher werdender Veränderungen im Medien- und Zeitschriftensektor sicher eine ganz seltene Ausnahme", schrieb Jan Thorn-Prikker, seit 1989 verantwortlicher Redakteur der Kulturchronik, der Winterhagers Leistung im letzten Artikel des letzten Heftes, 2004, würdigt.[33] Gleich zitiere ich noch mehr aus dieser Würdigung, die zu paraphrasieren mir unehrlich vorkäme, doch zuvor eine Stichprobe, Heft 6 von 1997: Das ist eine DIN-A-5-Broschüre, 52 Seiten, mit Klammerheftung, deren Titelbild von der Fotografie einer tristen Küchenecke geprägt ist. Auf der Rückseite sieht man ein Gegenstück: das Porträt einer jungen Frau – worin liegt die Gemeinsamkeit, außer der betont sachlichen Art der Darstellung? Im Fotografen Thomas Ruff, von dem beide Bilder stammen, und der im Innenteil vorgestellt wird. Andere Themen: Deutschlandbilder in der Bildenden Kunst, die „Gruppe 47", die Verleihung des Goethe-Preises der Stadt Frankfurt/Main an den Musiker Hans Zender, Nachrufe an James Krüss und Georg Solti, ein Film zum „Exil Schanghai" von einer deutschen Dokumentarfilmerin – man bekommt einen Eindruck. Auch die Bühnenkunst, Architektur und Design, und die Naturwissenschaft hat ihren Platz auf den werbefreien und wohl auch darum sehr einheitlich und geschlossen wirkenden Seiten. Die Überschrift „100 Jahre Aspirin“ setzt Winterhager auf ungewöhnliche Art um: Er ersetzt das Wort Aspirin durch das Bild einer Aspirinpulverflasche, unter der schlicht „100 Jahre“ steht – womit er die Aussage zugleich erweitert („So sah das Aspirin damals aus.“) und relativiert („Genau so hat es die 100 Jahre eben nicht überdauert.“) Der recht volle Satzspiegel und die, mit Ausnahme des Titelbilds, durchweg schwarz-weiß gedruckten Bilder hinterlassen einen konzentrierten Eindruck, was zugleich bedeutet, dass Konzentration geboten ist und verlangt wird. Und dass die deutsche Kultur der Gegenwart hier dem internationalen Leser in konzentrierter Weise dargeboten werden soll. Übrigens in fünf Sprachen.

Zanders, Wüst, form, Kulturchronik: Alles langjährige Zusammenarbeiten, die in ihrer Kontinuität auch Raum für Experimente lassen – jedenfalls für solche Experimente, die ohne Knalleffekte auskommen. Jan Thorn-Prikker zur Zusammenarbeit mit Klaus Winterhager:

> Wenn die Redaktion eine grafische Entscheidung mit dem ästhetischen Allerweltsurteil „Das gefällt uns nicht!“ meinte ablehnen zu müssen, hat er auf dem Diskurs über die Sache bestanden und mit freundlicher Beharrlichkeit und präziser ästhetischer Reflexion seine Sicht der Dinge verteidigt. Wir hatten zu lernen, dass sich haltbare ästhetische Entscheidungen nicht demokratisch finden lassen. Sie können immer nur Resultat von Sachkompetenz sein.[34]

Als Thorn-Prikker den Konzeptkünstler Jochen Gerz um einen Artikel und zugleich um Arbeitsproben bat, die zusammen mit dem Artikel abgedruckt werden sollten, weigerte sich Winterhager. Er sei es, der das Heft gestalte. Die beiden waren zwar Freunde geworden, Winterhager hatte mit dem 20 Jahre Jüngeren auch einige Reisen unternommen – an den Bodensee, nach Burgund – doch hier ging es um Wichtiges. „Ich habe es so schon mit Gerz abgesprochen." „Im Impressum steht mein Name. Wenn Sie jemanden anderes bitten, in mein Layout einzugreifen, sind wir geschiedene Leute!" Thorn-Prikker tat es nicht.

> Ganze Fluten von Bildmaterial sind in der prüfenden Präzision seiner Bildbeurteilungen untergegangen. Wenn man ihm zuhörte und zusah, konnte man ganz nebenbei lernen, wie sich ein gutes Foto von einem schlechten unterscheidet. Nicht anders war es bei der Auswahl der Überschriften. Regelmäßig scheiterten unsere Vorschläge an seinen bissigen, jedes einzelne Wort auf die Goldwaage legenden Analysen. Blumige Phrasen, die gerade im Feuilleton blühen, sind ihm verhaßt. Wenn die Zeitschrift in der Vergangenheit visuelle Klarheit und textliche Präzision zu verbinden verstand, war oft die für den Leser unsichtbare Intervention dieses Grafikers mit im Spiel.[35]

Und das Wichtigste: Es ging Klaus Winterhager nicht darum, zu brillieren, sondern offensichtlich um die Sache selbst, diese solide und auf Qualität statt auf Effekt abzielende Kulturarbeit, die er fördern wollte:

> Seine Neugierde auf alles, was mit Kultur und Gestaltung zu tun hat, ist immer noch grenzen-

los. Oft stellte man nach der Publikation eines Heftes fest, dass der Grafiker das Buch, das wir ankündigten, gelesen hatte, oder dass er die Ausstellung, auf die wir hinwiesen, besucht hatte, so als wollte er die Qualität unserer Berichterstattung prüfen. Und nicht selten kamen Hinweise auf Themen, die man leicht übersehen hätte, von ihm. Während wir in die Zentren und auf die kulturellen Großereignisse blickten, hatte er längst die gelungene Ausstellung in einem kleinen Provinzmuseum entdeckt.[36]

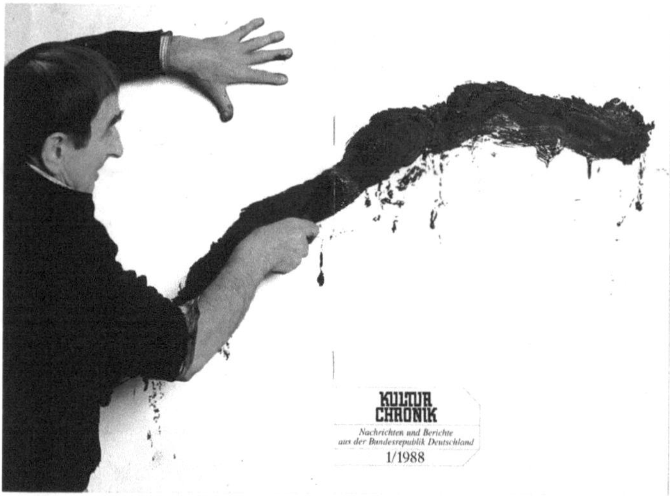

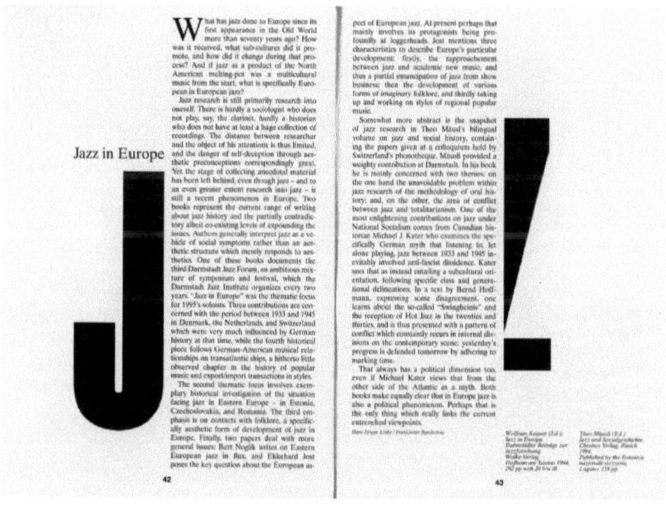

Umschlag der *Kulturchronik*, Heft 1, 1988, Layout in Heft 6, 1995.

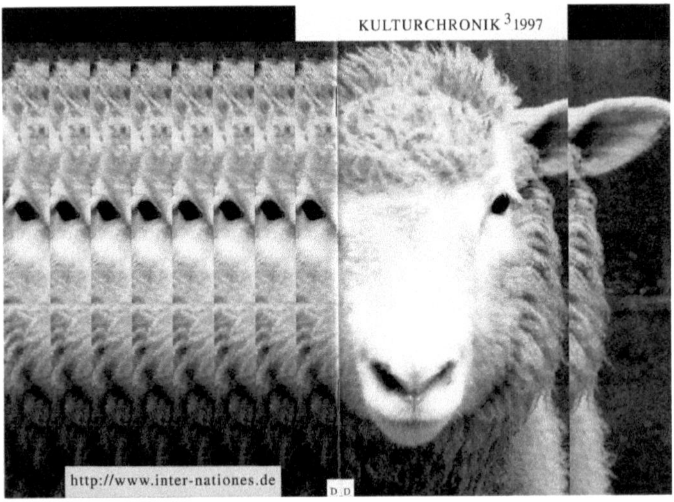

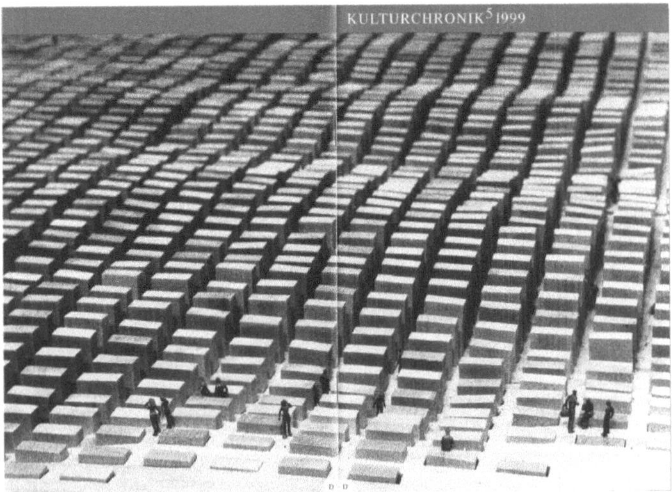

Umschläge der *Kulturchronik*

Friederike 39

Friederike sah ihren Vater nicht oft, etwa ein oder zwei Mal im Jahr und selten länger als einen oder zwei Tage. Sie wohnte bei ihrer Mutter – eine neue Familie, die mehrmals gemeinsam umzog. 1981, nach ihrem Abitur in Bielefeld, beschloss sie darum, zu ihrem Vater zu ziehen, in seine frisch bezogene Ein-Zimmer-Traumwohnung in Wuppertal, um ihn überhaupt erst einmal gründlich kennenzulernen. Außerdem wollte sie in Düsseldorf Grafik-Design studieren und rief an, um ihn um seine Meinung zu bitten. „Würdest du das auch tun, wenn du mich nicht kennen würdest?“, fragte er zurück. Sie bejahte – und doch stellte sie mit ihrem Wunsch eine neue Verbindung mit ihm her. Friederike wurde zum Studium zugelassen, und so kam es, dass Vater und Tochter sich ein Semester lang täglich begegneten, bis Friederike schließlich nach Düsseldorf zog. Als Dauerlösung war das kleine Extrazimmer ohnehin nie gedacht. „Seither kenne ich sie“, sagte Klaus Winterhager zu mir, als Friederike sich bei einem unserer Interviews einmal früher verabschiedete, „Gott sei Dank!“

„Vorher wusste ich doch nur sehr wenig von ihr. Ihre gesamte Entwicklung hatte ich verpasst, Grundschule und Gymnasium. Darum hätte ich ihr zu keinem Beruf raten können.“

Vater und Tochter unternahmen gemeinsam längere Reisen, 1983 mit einer Gruppe von Architekten nach China und Hongkong, später zu einer Safari in Kenia. Friederike, schon gemeinsam mit ihrem Mann, lud ihn ein, sie zu einer USA-Reise zu begleiten, nach New York und Neuengland. Als sie ihr Studium beendet hatte, waren sie Kollegen. In der Zeitschrift form (Heft 142, 1993) findet sich ein Beitrag der Tochter über die neue Bundeskunsthalle in Bonn. Sie hielten die Verbindung aufrecht. Wenn sie nicht für längere Zeit im Ausland lebte, kam Friederike regelmäßig nach Wuppertal, um ihren Vater zu besuchen.

Beinahe 30 Jahre, nachdem Friederike bei ihm eingezogen war, sah sich Klaus Winterhager aus gesundheitlichen Gründen gezwungen, aus seiner Wohnung im „Schloss" Lüntenbeck ausziehen – Friederike half ihm bei diesem schweren Schritt. Er bezog eine Wohnung in einer „Seniorenresidenz" in Wuppertal, während sie mit ihrer Familie ein weiteres Mal für mehrere Jahre ins Ausland ging. 2012 kehrte Friederike zurück. Zwei Jahre später fragte sie ihren nunmehr intensiver Pflege bedürftigen Vater, ob er nicht nach Frankfurt kommen möchte – das würde vieles vereinfachen. Sie fand einen Platz für ihn im Justina-von-Cronstetten-Stift, ganz in der Nähe ihrer Wohnung.

abstrakt 40

Das vierzigste[40] und letzte kleine Kapitel kann kein Resümee enthalten. Während der „Sinn“ einer Biografie gemeinhin mit dem „roten Faden“ in Zusammenhang gebracht wird, der sich durch alle Geflechte des Lebens zieht, habe ich darauf verzichtet, einen solchen zu finden oder zu erfinden. Zu viele Facetten des Menschen Klaus Winterhager musste ich auslassen, sehr viel vom Privatmann, das meiste vom politisch denkenden Zeitgenossen. Ich tröste mich, dass er die Auswahl bewusst oder unbewusst mitbestimmte. Im Rückblick kann dennoch geschrieben werden: Klaus Winterhager fand einen guten Ort für seine bildnerische Begabung, im wörtlichen wie im übertragenen Sinne. Und aus der Ferne, in der ich mich als Nicht-Grafiker befinde, erkenne ich ein Muster: Wie sich in der Reflexion auf das Getane der unmittelbare gestalterische Zugriff auf die Welt, der sich etwa durch die Kuhschädelskizze des Heranwachsenden darstellen lässt, allmählich aufgehoben wird in einer ironischen Distanz zu den Möglichkeiten der Gestaltung. „Je genauer ich hinsehe und hinhöre, desto abstrakter wird das Leben für mich“, sagte Klaus Winterhager gleich zu Beginn unseres ersten Interviews. „Denn im Rückblick werden die Zusammenhänge grenzenlos.“ Was ich wiedergeben kann, dachte ich, sind höchstens einzelne Bilder, einige Ausschnitte aus diesen Zusammenhängen.

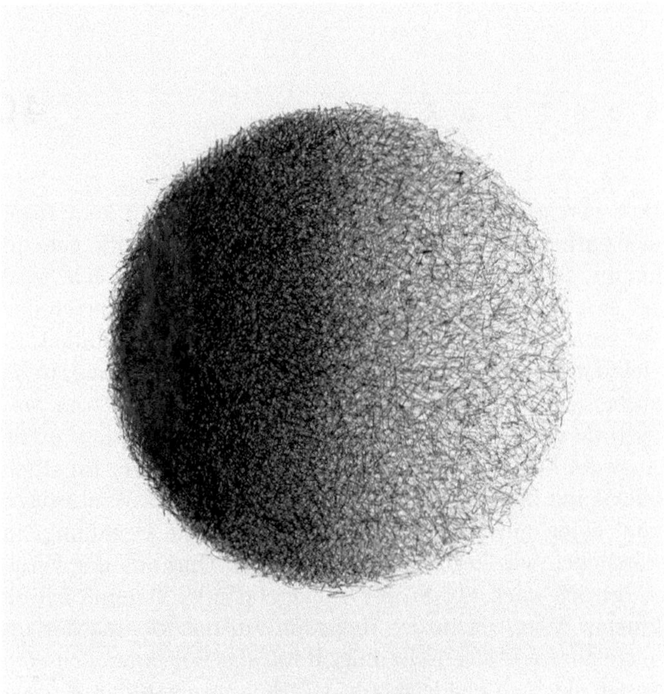

Krakel-Kreis, Zeichnung

Anmerkungen

1 Quellen dazu: http://d-nb.info/946066582/04; http://www.uni-koblenz-landau.de/de/landau/fb6/kunst/mitarbeiter/christoph-zuschlag/berliner_skulpturenfund_zuschlag; zuletzt eingesehen am 2.11.2015

2 „Der älteste Vorfahre, den ein Ahnenforscher fand, stammte aus Hückeswagen, ein Richter aus dem 14. Jahrhundert", erzählte Klaus Winterhager im Interview.

3 „Ingenieur" ohne Zusatz bezeichnete im alten Preußen einen Pionieroffizier, weshalb Bauingenieure oder Maschinenbauingenieure mit dem Zusatz „Zivil" gekennzeichnet wurden. An diesen Sprachgebrauch wird sich Kesseler wohl gehalten haben.

4 Quelle: http://www.bilder-von-solingen.de/html/oberburg.htm; zuletzt eingesehen am 3.11.2015

5 http://www.cwgc.org/find-a-cemetery/cemetery/2002800/RHEINBERG%20WAR%20CEMETERY; 3.11.2015

6 Ebd.

7 www.rp-online.de/nrw/Städte/Hückeswagen/hj-einsatz-an-der-weierbachstraße-aid-1.388566; 3.11.2015

8 Vgl. www.waterboelles.de/archives /11578-So-sah-die-Remscheider-Innenstadt-nach-Kriegsende-aus.html; 3.11.2015

9 Quelle: http://www.ema-rs.de/unsere-schule/ema-gymnasium/schulgeschichte/; 3.11.2015

10 Siehe http://www.bimotek.de/geschichte /seit-1878-in-remscheid/index.html; 3.11.2015

11 Siehe https://de.wikipedia.org/wiki/Anton_Wolff; 4.11.2015

12 Häuser. Magazin für internationales Wohnen, 1/87, S. 127.

13 Ebd.

14 Unveröffentlichtes Manuskript, zur Verfügung gestellt von Winterhagers späteren Schülern, den Kommunikationsdesignern Bettina und Uwe Boden.

15 Vgl. http://www.koelnarchitektur.de/pages/de /home/news_archiv/2353.htm; 4.11.2015

16 Auf den ersten Blick wirkt diese Geschichte unglaubwürdig – handelt es sich beim Kölner Rathaus doch um das älteste in Deutschland, also um ein eminentes Baudenkmal. Tatsächlich wurden daran nach dem Krieg jedoch nicht wenige Veränderungen vorgenommen, nicht allein Wiederaufbauarbeiten. Auskunft darüber findet man unter anderem in dem von Peter Fuchs herausgegebenen Sammelband „Das Rathaus zu Köln" (Fuchs, Peter: Das Rathaus zu Köln – Geschichte, Gebäude, Gestalten. Greven Verlag, Köln 1994.) Zwar ist darin erstaunlich wenig von hölzernen Innenausbauten

zu lesen, aber gerade das könnte ein Hinweis auf ihre Verfügbarkeit sein. Während des Krieges wurden Teile der neugotischen, erst in den 1860er-Jahren gestalteten Ausstattung – Stühle und Wandvertäfelungen aus dem Ratssaal, der Muschelkammer und Prophetenkammer – ausgebaut und in Schloss Alme in Westfalen in Sicherheit gebracht. Da das Rathaus im Krieg brannte und man später offensichtlich keinen Wert mehr auf Neugotik legte, ist es wahrscheinlich, dass es Teile dieser Rettungsaktion waren, die der Bauunternehmer später für sein Privathaus kaufte. Es gibt also keinen Grund, an der Kölnischen Fassade zu zweifeln.

17 Wie viel Geld waren 300 D-Mark in der Bundesrepublik des Jahres 1962? Eine gut recherchierbare Vergleichsgröße ist das Durchschnittseinkommen nach der Statistik der Rentenversicherung (sie ist Teil der Rentengesetzgebung). Danach betrug das durchschnittliche Bruttoeinkommen für Angestellte 1962 7328 DM jährlich, monatlich 610 DM (2014 waren es 34.857 € beziehungsweise 2904,75 €). Maßstäblich übertragen auf das heutige Einkommensniveau betrüge die Miete für das Refrather Haus also etwa 1500 € – kein übertriebener Betrag für das gebotene Wohnflair, aber auch kein günstiger Wohnraum.

18 Auf http://www.kunstgiganten.de/Freiheit; zuletzt eingesehen am 12. Oktober 2015.

19 https://www.bundestag.de/kulturundgeschichte/geschichte/schauplaetze/akademie/akademie/199638; 4.11.2015.

20 Zitat aus Winterhager, Klaus: „Energie-Preise“, in: form, Heft 90, 1980, S. 17-19.

21 http://www.kaarst.de/C12578B700283A15/html /10700E414333CA20C12578D40026F352? opendocument; zuletzt eingesehen am 14.10.2015.

22 Tolmein, Gabriele: „Mein Haus hat nur ein Zimmer", in: Häuser. Magazin für internationales Wohnen, 1/87, S. 126.

23 Ebd.

24 Ebd., S. 124.

25 Klaus Winterhager in: form, Doppelheft 154/155, 1996, S. 129.

26 Die Geburtstags-Sammlung ist online im Pressearchiv der Bergischen Universität Wuppertal abrufbar: http://www.presse-archiv.uni-wuppertal.de/2009/p_pics/0420_Winterh_Apho.pdf
Einige der Schmetterlings-Aphorismen finden sich unter
http://digitalerschreibtisch.de/aphorismen-zum-schmetterling

27 Alle aus dem angeführten Manuskript „Zeichen – Eine Formsache".

28 Gabriele Tolmein: „Mein Haus hat nur ein Zimmer", in: Häuser. Magazin für internationales Wohnen, 1/87, S. 126.

29 Ebd.

30 Winterhager, Klaus: „Design-Institutionen, selbstredend", in: form. Zeitschrift für Gestaltung, Heft 135, 1991, S. 18-20.

31 Ebd.

32 Winterhager, Klaus: „Energie-Preise (2) – im europäischen Vergleich“, in: form, Heft 91, 1980.

33 Thorn-Prikker, Jan: „Vom ersten bis zum letzten Heft. Der Gestalter Klaus Winterhager“, in: Kulturchronik, 2004, Heft 6, S. 46f.

34 Ebd.

35 Ebd.

36 Ebd.

40 Vierzig (40) ist die Zahl der Vollkommenheit, in der biblischen Überlieferung bestimmt sie den Rhythmus des Lebens, und sei es aus Verspieltheit oder aus einem Formbewusstsein, das mir gut zu Klaus Winterhagers zurückhaltender und hintersinniger Gestaltungsweise zu passen schien, habe ich auf die 40 hingesteuert, als ich die Struktur dieser Biografie entwarf.